A. DE MALARCE

HISTOIRE ET MANUEL

DE L'INSTITUTION

DES CAISSES D'ÉPARGNE

SCOLAIRES

AVEC

LE RÈGLEMENT ET LES MODÈLES DE COMPTABILITÉ

La Caisse d'Épargne scolaire est un exercice d'éducation économique et morale, dirigé et animé par l'instituteur.

Elle enseigne la sage économie comme on enseigne une vertu, en la faisant pratiquer.

C'est l'initiation à toutes les institutions de prévoyance populaire (Caisses d'Épargne, Sociétés de secours mutuels, Retraites, Unions coopératives).

QUATORZIÈME ÉDITION

PARIS

LIBRAIRIE HACHETTE ET Cⁱᵉ

79, BOULEVARD SAINT-GERMAIN, 79

1897

A. DE MALARCE

HISTOIRE ET MANUEL

DE L'INSTITUTION

DES CAISSES D'ÉPARGNE

SCOLAIRES

AVEC

LE RÈGLEMENT ET LES MODÈLES DE COMPTABILITÉ

> La Caisse d'Épargne scolaire est un exercice d'éducation économique et morale, dirigé et animé par l'instituteur.
>
> Elle enseigne la sage économie comme on enseigne une vertu, en la faisant pratiquer.
>
> C'est l'initiation à toutes les institutions de prévoyance populaire (Caisses d'Épargne, Sociétés de secours mutuels, Retraites, Unions coopératives).

QUATORZIÈME ÉDITION

PARIS

LIBRAIRIE HACHETTE ET Cᵉ

79, BOULEVARD SAINT-GERMAIN, 79

1897

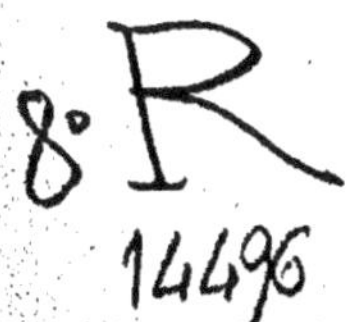

PRÉFACE

Toute institution sociale participe de l'humanité.

Le germe conçu, l'idée première, reste parfois longtemps avant de prendre corps; puis, l'être naît, grandit, et peu à peu ou par élans, parvient à sa forme virile. Et tout cela s'opère à travers des crises, sous de rudes épreuves, qui peuvent altérer l'institution et la m.   e en péril, mais qui, en définitive, le plus souvent, l'épurent et l'affermissent.

L'histoire d'une institution sociale est ainsi analogue à l'histoire d'un homme; elle offre ainsi, au lecteur une étude curieuse, intéressante, émouvante même dans ses péripéties.

C'est ce qu'on pourra voir dans cet exposé de l'origine et du développement de la Caisse d'épargne scolaire, institution dont la première idée date de la fin du xviiie siècle; la première formation, de 1834; et l'organisation méthodique, de 1874. Par son progrès rapide depuis virgt-deux ans, cette institution est aujourd'hui considérée chez les peuples les plus civilisés d'Europe et d'Amérique comme un organisme nécessaire de l'éducation, comme un exercice d'apprentissage économique et moral, réputé partie intégrante de l'enseignement.

On reconnaîtra, dans cette histoire, que la Caisse d'épargne scolaire est l'initiation pratique à toutes les institutions de prévoyance : Caisses d'épargne, Sociétés de secours mutuels, Retraites, Unions coopératives de crédit, de production, de consommation : services populaires qui attendent l'ouvrier à son entrée dans la vie laborieuse pour le guider et le soutenir en réglant sa conduite, en aménageant ses ressources, par un sentiment de sage prévoyance.

Cette histoire de l'institution des Caisses d'épargne scolaires montrera qu'en France l'esprit de libre initiative existe avec autant de puissance que chez les peuples les plus fiers de cette précieuse faculté de race ; que cet esprit vivifiant peut se révéler, à tout digne appel, non seulement à Paris, mais encore en province, dans nos conseils généraux, dans nos municipalités, dans les sociétés scientifiques, littéraires, industrielles et agricoles, dans les Caisses d'épargne et autres compagnies économiques de nos départements, même les plus éloignés de la capitale; et que les membres de l'enseignement, en France, comme les autres notabilités, sont capables d'un dévouement et d'un sens d'éducateurs qui les placent au premier rang dans le monde civilisé.

Aussi bien, nous sommes tenté d'écrire, en tête de cette histoire : « Pour le plus grand honneur des éducateurs français ». Et nous rappelons ici volontiers cette parole du grand journal de Londres *The Times*, au sujet de la Caisse d'épargne scolaire : « En vérité, c'est un grand succès pour la France ».

Nos instituteurs trouveront dans ce livre bon nombre de faits caractéristiques et d'observations, documents topiques pour leurs « leçons de choses » sur les énergies morales, la possession de soi, le bon ordre domestique, la tempérance, la prévoyance, la vie réglée, c'est-à-dire, sur les vertus que comporte et développe l'exercice de l'épargne dans l'école, sous la direction et le commentaire de l'instituteur.

Les personnes qui désireraient des informations plus détaillées, ou des renseignements sur quelque point spécial, seront bienvenues en écrivant à M. de Malarce, au secrétariat général de la Société française et de l'Association permanente du Congrès scientifique universel des Institutions de prévoyance, à Paris, 68, rue de Babylone.

M.

HISTOIRE ET MANUEL

DE L'INSTITUTION

DES CAISSES D'ÉPARGNE

SCOLAIRES

Le *Journal officiel* du 28 avril 1880 contient l'information suivante :

« Dans le volume des travaux de la Commission permanente de statistique de l'enseignement, que vient de publier le Ministère de l'instruction publique, un chapitre est pour la première fois consacré à l'institution des Caisses d'épargne scolaires. Après avoir rappelé que depuis 1834, où fut appliquée au Mans la première idée de l'exercice de l'épargne dans l'école, jusqu'en 1873, quatorze tentatives de cette nature, plus ou moins prolongées, furent faites en diverses localités en France, le rapport officiel s'exprime ainsi :

— « M. de Malarce, chargé par le Ministère de l'instruction publique d'une
« mission pour étudier pendant l'Exposition universelle de Vienne de 1873 les
« questions relatives à l'épargne populaire, avait porté son attention sur des
« établissements de ce genre qui existaient en divers pays; à la suite d'autres
« missions (scientifiques et administratives) qui lui furent données sur sa
« demande par le Ministère des finances et par le Ministère de l'agriculture et
« du commerce, et qui lui permirent l'étude comparée des expériences faites à
« l'étranger, il s'est appliqué à *fixer les règles les meilleures pour le fonctionnement*
« *des Caisses d'épargne scolaires et à en propager l'établissement en France*; les fon-
« dations, encouragées par les conseils généraux et par les conseils municipaux,
« se sont ainsi multipliées depuis 1874; il n'y avait plus au commencement de
« l'année 1879, que 6 départements qui en fussent entièrement dépourvus. Les
« 81 départements qui, en janvier 1879, possédaient des Caisses d'épargne
« scolaires en comptaient 10,440; le nombre des élèves épargnants était
« de 224,280 : ils forment les trente centièmes des élèves fréquentant les écoles
« dans lesquelles des Caisses d'épargne scolaires ont été instituées. 177,574, c'est-
« à-dire les quatre cinquièmes des élèves épargnants, possédaient le livret de
« la grande Caisse d'épargne (leurs menues épargnes ayant atteint 1 franc,

1

« minimum reçu par la grande Caisse d'épargne), et y avaient en dépôt
« 3,602,621 francs.

« L'Administration centrale de l'instruction publique s'est montrée sympathique
« à cette institution; mais elle s'est gardée d'intervenir par des ordres directs,
« dans la crainte d'altérer le caractère d'une institution délicate à manier, comme
« toutes celles qui ont pour but l'éducation morale, exigeant, comme première
« condition pour être utile, que l'instituteur l'établisse et que les élèves y
« déposent d'un mouvement tout spontané, sans autre influence que la contagion
« de l'exemple.

« Voici les vingt départements qui, à la date du 15 janvier 1879, possédaient le
« plus grand nombre de Caisses d'épargne scolaires : Aisne, 513; Aube, 273;
« Calvados, 194; Côte-d'Or, 231; Eure, 269; Gironde, 300; Hérault. 231; Isère, 317;
« Jura, 314; Marne, 455; Meurthe-et-Moselle, 225; Nord, 779; Oise, 591; Orne, 214;
« Pas-de-Calais, 571; Basses-Pyrénées, 256; Seine-et-Oise, 535; Seine-Inférieure,
« 432;Somme, 506; Yonne, 270. »

Ainsi, en 1879, l'institution des Caisses d'épargne scolaires fut officiellement
inscrite en France comme *Branche auxiliaire facultative de l'Enseignement*; depuis
lors, elle a figuré à ce titre dans les rapports périodiques de l'enseignement publiés
par le Ministère de l'instruction publique; elle a conservé son caractère d'œuvre
créée par la libre initiative, servie par les dévouements purement volontaires des
membres de l'Enseignement, et surtout des instituteurs.

En 1876, M. de Malarce, d'accord avec M. Frédéric Normand, directeur de
l'administration départementale et communale au Ministère de l'intérieur, obtint
que les modèles des budgets départementaux porteraient imprimés, dans les
rubriques des Dépenses Facultatives, les mots *Caisses d'épargne* et *Caisses
d'épargne scolaires* : ce qui devait appeler l'attention des préfets et des conseillers généraux sur cette nouvelle institution d'éducation populaire; en même
temps, une lettre fut adressée, le 20 août 1876, en faveur des Caisses d'épargne
scolaires, aux présidents des Conseils généraux par M. Hippolyte Passy, ancien
ministre, membre de l'Institut, M. Roy, président à la Cour des Comptes (aujour-
d'hui premier président honoraire de la Cour des Comptes), *présidents*, et
M. de Malarce, *fondateur et secrétaire perpétuel*, de la Société des institutions de
prévoyance de France.

Par suite, presque tous les conseils généraux de France ont voté annuellement
de petites sommes (de 300 fr. à 1,800 fr.) pour contribuer avec les conseils
municipaux, aux menus frais des imprimés (environ 9 francs par école ou classe
de 100 élèves épargnants); et pour encourager par des médailles d'honneur les
instituteurs et autres coopérateurs, désignés par les autorités comme les plus
méritants dans cette œuvre.

En outre, par un effet de l'action des conseils généraux, chaque inspecteur
d'académie prend soin, dans son rapport annuel, annexe du rapport du préfet
au conseil général, de signaler la situation des Caisses d'épargne scolaires de son
département, et les résultats éducatifs constatés; et, d'autre part, un conseiller
général est chargé de faire un rapport sur le même sujet.

M. de Malarce, qui par ses publications, notamment par son *Manuel* qu'il a répandu gratuitement à plus de 33,000 exemplaires, et par ses conférences dans nos provinces et à Paris, s'est mis en relation avec un grand nombre de conseillers généraux, de maires, de conseillers municipaux, d'administrateurs de Caisses d'épargne et de membres de l'enseignement à tous les degrés, relève chaque année, dans les quatre-vingt-sept doubles volumes des conseils généraux et dans les rapports publiés par les municipalités et les Caisses d'épargne, les statistiques et les observations des personnes les plus dévouées à l'éducation populaire et les mieux à même par leur position de voir de près le fonctionnement et les résultats éducatifs des Caisses d'épargne scolaires.

Et voici la progression de l'institution à partir de 1874, où l'on comptait en France seulement 7 Caisses d'épargne scolaires :

Au 15 janvier.	Nombre des caisses d'épargne scolaires.	Nombre des écoliers épargnants.	Total des épargnes en dépôt à la date du relevé.
1877......................	8.033 écoles.	176.040 livrets.	2.984.352 francs.
1879......................	10.440 —	224.200 —	3.602.621 —
1881......................	14.372 —	302.841 —	6.403.773 —
1883......................	19.433 —	395.869 —	9.074.583 —
1885......................	23.222 —	488.624 —	11.285.046 —
1886......................	23.980 —	491.460 —	11.934.268 —

Ce développement de nos Caisses d'épargne scolaires, produit par une libre initiative faisant appel au dévouement volontaire des notabilités locales, des membres de l'enseignement, et spécialement de nos instituteurs, a été fort remarqué par les hommes d'État et les éducateurs étrangers les plus autorisés en Europe et en Amérique et jusque dans le Nouveau Monde australien ; si bien que le grand journal de Londres, *The Times*, assez réservé parfois sur les choses faites en dehors de la Grande-Bretagne, concluait par ces mots le résumé d'une conférence où M. de Malarce, en 1887, à South-Kensington Museum, avait exposé les origines et les progrès de l'institution des Caisses d'épargne scolaires : *Indeed, great success of France!* (En vérité, c'est un grand succès pour la France!) Et une heureuse émulation s'est manifestée dans presque tous les États civilisés du monde.

Caractère de l'institution.

D'après cette large et heureuse expérience, quel est, quel doit être, le caractère de la Caisse d'Épargne scolaire?

Si l'économie est une vertu, si c'est une action louable de résister à des attraits futiles ou malsains, si cette résistance habituelle constitue un exercice salutaire et fortifiant pour l'âme, cette gymnastique morale doit faire partie de toute éducation qui n'a pas seulement pour but de former l'intelligence, mais aussi de former nos énergies morales, nos énergies contre le mal et pour le bien, notre vertu (*vis*, force, *virtus*, *vir*).

CAISSES D'ÉPARGNE SCOLAIRES.

Si l'épargne, c'est-à-dire l'excédent de la production sur la consommation, l'excédent de la recette sur la dépense, est le principal moyen d'augmenter la richesse des nations comme des particuliers, puisque l'humanité serait restée dans un déplorable état primitif, si les hommes avaient toujours détruit à mesure leurs biens produits, l'apprentissage de l'épargne doit être enseigné aux enfants comme une des pratiques essentielles de l'homme civilisé. Et c'est avec raison que le comité présidé par le gouverneur et le postmaster général de la Nouvelle-Zélande (nos antipodes), inaugurant en 1877 une société de propagande des Caisses d'épargne scolaires dans ce Nouveau Monde où les colons sont aussi ardents aux dépenses extravagantes qu'à la conquête de la fortune, disait aux enfants de cette colonie : « Apprenez à produire de toutes vos forces, mais aussi à dépenser avec mesure ».

Si la prévoyance est une condition de la vie de l'homme, en répartissant les ressources de manière à alimenter les jours stériles avec un excédent des jours féconds; si la prévoyance est une des conditions de la dignité de l'homme, en sauvant le travailleur de tomber à la charge de l'aumône, souvent insuffisante et incertaine, toujours dégradante; si la prévoyance met l'homme en état de marcher droit et digne, et de vivre sa vie toujours capable de passer sans déchéance un mauvais pas, toujours capable de mettre à profit une bonne occasion de fortune; il convient d'habituer les enfants à prévoir comme on les habitue à se souvenir, afin qu'ils sachent régler leur vie ; car, économiser, c'est régler sa vie.

Tel est l'objet, tel est aussi le bienfait reconnu, de l'institution des Caisses d'épargne scolaires, que nous avons ainsi défini :

Enseigner l'économie comme on doit enseigner une vertu, en la faisant pratiquer;

Enseigner l'économie aux enfants, plus faciles à façonner que les homme faits, et qui sont les meilleurs agents de toute rénovation sociale, suivant cette sublime politique : Laissez venir à moi les petits enfants ;

Apprendre aux futurs travailleurs que les petites épargnes, répétées et bien placées, ont leur valeur et une valeur précieuse; qu'ainsi un écolier peut se procurer des instruments d'instruction ou des objets de vêture que sa famille ne pourrait guère parfois lui acheter; il peut même venir en aide à ses parents dans un moment de gêne; il peut encore contribuer à une bonne œuvre avec sa petite épargne, produit de ses sacrifices à la prévoyance. Et puis enfin, l'écolier apprend par là que les travailleurs les plus modestes peuvent assurer leur bien-être, et parfois aussi préparer leur fortune; car un sou épargné peut devenir la graine d'un million; — cela s'est vu avant et depuis Franklin et Laffite; — de même qu'un sou gaspillé peut ouvrir une fissure au termite qui ruinera la plus grosse maison.

Dans l'intérêt de la richesse nationale, l'enseignement de l'épargne convient aux enfants de toutes les classes de la société; mais il est surtout recommandable aux enfants des classes ouvrières, pour qui l'épargne sera un jour le seul élément de fortune.

Dans l'intérêt de la moralité publique, de l'élévation morale des individus, des familles, de la société, l'exercice de la prévoyance modère l'ardeur de nos besoins futiles et nous rend maîtres de nos vices; ainsi l'homme se sent fortifié contre le mal, domine ses passions mauvaises, *et devient homme libre, par cette suprême conquête, la possession de soi :* Sui compos.

Les Origines.

En 1873, à l'Exposition universelle de Vienne, on avait construit, dans le parc, à côté du pavillon de repos pour la famille impériale, et comme annexe de cet édifice, un bâtiment rectangulaire, simplement orné de pilastres doriques, et portant sur la façade ce seul mot : *Sparcassen* (Caisses d'épargne). C'était le dépôt des documents relatifs à toutes les diverses institutions d'intérêt populaire, dont la Caisse d'épargne est l'institution la plus importante, la plus répandue dans ce monde civilisé, et comme la base de toutes les autres institutions populaires. (On comptait en effet en 1873 chez les peuples civilisés du monde 19 millions de déposants de Caisses d'épargne; on en compte en 1895 plus de 37 millions.)

Les documents recueillis par les organisateurs de l'Exposition universelle de Vienne étaient classés dans des cartons le long des murs de l'édifice, comme des liasses d'archives : et les visiteurs obtenaient l'autorisation de fouiller dans ces pièces imprimées ou manuscrites.

M. de Malarce eut ainsi lieu de noter, entre autres enseignements d'expériences, quelques faits relatifs à l'institution des Caisses d'épargne scolaires. Cela lui inspira la pensée de faire une étude approfondie des divers essais tentés dans les différents pays, et de rechercher pourquoi cette institution, dont l'idée première semblait dater de loin, n'avait pas encore pris une extension convenable à son bienfait; pourquoi elle se présentait partout comme une tentative plutôt isolée, incertaine et un système peu défini.

Pendant sa mission, il eut occasion de s'entretenir avec quelques hommes d'État d'Autriche (le comte Andrassy, ministre des affaires étrangères et premier ministre d'Autriche-Hongrie, le baron de Pretis-Cagnado, ministre des finances, M. de Stremayr, ministre de l'instruction publique) au sujet des questions économiques, financières et éducatives relatives aux ouvriers, aux ouvriers des villes et des campagnes; le comte Andrassy, Hongrois d'origine, l'engagea beaucoup à aller voir, à Budapest, Franz Déak, le rénovateur de la Hongrie, et il s'offrit à l'introduire auprès du grand patriote hongrois :

Franz Déak, après un long entretien avec M. de Malarce, conclut par ces paroles, qu'il a écrites plus tard dans une sorte de testament politique laissé à ses amis, spécialement au conseiller royal Bernard Franz Weisz, Président de la Handels-academia de Hongrie, qui est venu à Paris en 1878 s'édifier plus complètement auprès de notre compatriote :

« ...J'ai beaucoup pensé à ces choses, dit Franz Déak; je sens bien que si j'ai

« fait mon peuple politiquement, il me reste à le former suivant les mœurs éco-
« nomiques modernes : aux qualités brillantes, vaillantes, tout en dehors, et à
« l'évent, de nos races orientales, il faut ajouter les vertus plus sévères de l'Occi-
« dent, la sobriété, l'esprit d'ordre, la vie réglée, la sage prévoyance. qui les
« arracheront un jour aux vaines jouissances, au gaspillage et à l'usure. Ce que
« feront excellemment les Caisses d'épargne, et surtout les Caisses d'épargne
« scolaires, dirigées et commentées par nos maîtres d'école, qui prépareront
« ainsi, dès l'âge tendre, les vertus viriles des peuples travailleurs. »

Mêmes appréciations sur la valeur morale, économique et sociale de l'institution des Caisses d'épargne scolaires furent exprimées plus tard par les plus
considérables des hommes d'État et de sciences des divers pays d'Europe et
d'Amérique (comme on le livra au chapitre : *Étranger*, de cette histoire), et
d'abord en France, par Hippolyte Passy, Victor Duruy, le premier président
Roy (de la Cour des Comptes), le président François Bartholony (de la Caisse
d'épargne de Paris), Drouyn de Lhuys, les cardinaux Donnet (archevêque de
Bordeaux), Bonnechose (de Rouen) et Meignan (de Tours); Jules Simon, Lesseps,
Buffet, Michel-Chevalier, Aucoc, Bardoux, Parieu, Tissot, Hippolyte Carnot,
le président Sadi-Carnot, Félix Faure; Marinoni, Lopès-Dubec, Tourasse,
Tranchant; Jules Ferry, Gambetta, Sarrien, Audiffret, Delarbre, Gréard, Levas-
seur, Batbie, Roussy, Dumoustier de Frédilly, Buisson, Bersier, Fourcand,
Rolland, Denormandie, Henri Fournier, Faye, Dietz-Monin, Ch. Robert, Floquet,
Goullin, Galline, Guibourd de Luzinais, Lourties, Adolphe Cochery, Waddington,
Arthur Legrand, Chabaud-Latour, Tallon, Rouvier, Goblet, Marbeau, Babinet,
Mathevon, Pallain, Siegfried, etc.; tous hommes d'élite, qui la plupart furent
membres de l'Association permanente du Congrès scientifique universel des
institutions de Prévoyance, fondé à Paris en 1875-76.

Au cours de nouvelles missions qu'il avait obtenues des Ministères des finances,
de l'instruction publique et du commerce, M. de Malarce consigna dans une
série de rapports ces enseignements d'expérience, dont voici le résumé, et qui
aboutirent à la *Méthode* d'opération et de comptabilité de 1874, où il s'appliqua à
corriger les défectuosités reconnues de divers procédés essayés en divers lieux.

Depuis des siècles, les pères de famille soigneux de l'éducation morale de leurs
enfants ont institué à leur foyer l'exercice de l'épargne des enfants; c'est la « tirelire », dont les musées nous présentent des échantillons d'origine fort ancienne,
peut-être remontant jusqu'au temps du prévoyant ministre d'Égypte, Joseph, le
plus ancien économiste dont l'histoire ait glorifié les actes de prévoyance.

Au dehors de la famille, des personnes charitables ont pris parfois le même
soin : ainsi des troncs d'épargne ont été dès longtemps établis à New-York
dans les refuges ou asiles ouverts pour la nuit (Night-Homes) aux pauvres
petits garçons qui, le jour, cherchent leur vie dans les petits métiers des rues.

Vers la fin du xviiie siècle, en 1798 (juin), un pasteur de Wendover (Angleterre),
le révérend Joseph Smith, s'inspirant de la première Caisse d'épargne (Sparung

Casse), fondée en 1778 dans la ville de Hambourg (Allemagne), par la Société hambourgeoise pour le progrès des arts et métiers utiles (Hamburgische Gesellschaft zür Beforderüng der Künste und nützlichen Gewerbe), établit, avec le concours de deux de ses notables paroissiens, une caisse où il offrait à la population ouvrière de recevoir les petites économies par versements d'au moins 2 pence (20 centimes), et de rembourser ces dépôts vers le temps de Noël, pour les besoins de l'hiver, avec addition d'un tiers de la somme épargnée, à titre d'intérêt ou plutôt comme don d'encouragement à l'épargne. En outre, un dîner de bienveillance patronale était donné par les trois fondateurs de la Caisse d'épargne aux déposants, qui pendant plusieurs années furent au nombre moyen de 60 personnes, ayant un avoir de 5 à 10 livres (125 à 250 francs) par saison, c'est-à-dire par année. Le pasteur Joseph Smith, pour initier, dès l'école, la population ouvrière à cet exercice de l'épargne, fit copier le prospectus de la Caisse d'épargne par les écoliers de sa paroisse, et sous prétexte de ce travail d'écriture, il gratifia chaque élève d'un livret d'épargne, doté d'une petite somme.

L'idée de l'épargne dans l'école apparaît là seulement comme accessoire, mais déjà comme le germe de ce principe : que c'est chez l'enfant que doit se former le sens de la prévoyance, l'habitude de l'ordre, l'apprentissage de la vie réglée, l'initiation pratique à toutes les institutions de prévoyance.

Ainsi de même, en 1799, à Tottenham (près de Londres), une dame bienfaisante, écrivain moraliste très appréciée, Mme Priscilla Wakefield, établit dans son village, sous sa direction et sa garantie, en faveur des femmes et des enfants pauvres de la population (the weaker and more defenceless of the community) une caisse de prévoyance, ou plutôt d'assurance, où les membres versaient une cotisation mensuelle proportionnée à leur âge et qui donnait droit : à une pension de retraite après l'âge de soixante ans; à une allocation de 4 shillings par semaine en cas de maladie; et à une certaine somme pour les funérailles. En 1801, on adjoignit à ces services d'assurance, une Caisse d'épargne, où les enfants étaient admis à verser leurs sous de poche, et encouragés par des primes, en vue de former des pécules pour leurs frais d'apprentissage, leurs vêtures et autres dépenses personnelles. Ces œuvres, où semblaient se refléter les dix services d'assurance et d'épargne de la Société Hambourgeoise de 1778, furent réorganisées en 1804 par M. Eardley Wilmot, membre du Parlement, et M. Spurling, riche et généreux habitant de Tottenham.

Dans ces deux œuvres de Wendover et de Tottenham, on s'accorde à voir les origines des Penny-Banks (Banques d'épargne des sous), auxiliaires des Savings-Banks (des grandes Caisses d'épargne), qui se sont multipliées dans tout le Royaume-Uni jusqu'à plus de 3,000 penny-banks aujourd'hui. Mais ce n'est pas encore la School-Savings-Bank, la Caisse d'épargne des écoliers, la Caisse d'épargne dans l'école, faisant partie intégrante des exercices scolaires, de l'enseignement économique et moral *dirigé pratiquement et commenté* EN LEÇONS DE CHOSES *par l'instituteur*. Il est bon de remarquer que de ces divers services, la Caisse d'épargne scolaire a le plus duré; les autres combinaisons, assurances à trop longue portée, n'ont pu être bien comprises par des enfants à courte vue.

En 1818, année où commença le premier mouvement de propagation des Caisses d'épargne en France, par suite de la loi anglaise de 1817, qui a été la première loi organique des Caisses d'épargne dans le monde, un professeur de l'École polytechnique, M. Francœur, présentait, le 30 septembre 1818 à la Société pour l'instruction élémentaire, un mémoire où il considérait la Caisse d'épargne comme un des instruments de l'éducation populaire; cette même année le savant géomètre Navier traitait la même question dans un mémoire lu à l'Académie des sciences; et M. Jomard, à la Société d'encouragement pour l'industrie nationale, présidée par Benjamin Delessert (qui fut en 1818 l'un des fondateurs de la Caisse d'épargne de Paris).

En 1833, sous l'influence de la grande loi française de l'instruction primaire de 1833, le dévouement des éducateurs de tous degrés fut mis en éveil en France et même à l'étranger : car les actes de progrès sociaux comme de progrès scientifiques sont contagieux dans tout le monde civilisé.

Et cette année même, une sorte de Penny-Bank fut établie à Apolda (Saxe-Weimar) pour des écoliers-ouvriers, employés dans des fabriques et manufactures, écoliers-ouvriers à demi-temps gagnant leurs frais d'écolage. Dans cette caisse, l'argent déposé était inscrit sur un livre-journal et enfermé dans une tirelire, gardée par les trusteles de la Penny-Bank. Au bout du mois, les sommes étaient placées; chaque écolier recevait un livret : au bout de l'année seulement, les déposants étaient gratifiés d'un intérêt. C'est encore la Penny-Bank, mais qui s'approche de la Caisse d'épargne scolaire.

Et en 1834 nous trouvons véritablement le premier essai de l'exercice de l'épargne dans l'école.

En 1834, parut un petit ouvrage, publié au Mans (Sarthe) et intitulé : « Lec« tures diverses et recueil de prières et de chants en usage dans l'École commu« nale d'enseignement mutuel du Mans, dirigée par M. F. Dulac, chevalier de la « Légion d'honneur et officier de l'Instruction publique »; l'auteur, M. Dulac, écrit :

« Entre les différents moyens auxquels nous avons eu recours pour arriver à « notre but d'éducation morale auprès des élèves qui nous sont confiés, il en est « que nous croyons utile de rappeler, c'est le dépôt des petites économies de nos « enfants d'adoption à la Caisse d'épargne et de prévoyance. Pour faciliter les « versements à cette Caisse, nous avons établi à notre école, le 4 mai 1834, sous « les auspices de l'administration municipale, une caisse privée dans laquelle ils « déposent leurs économies sou par sou, jusqu'à ce qu'elles forment une somme « assez forte, un franc, pour être reçu à la Caisse départementale. »

En 1839, M. Delessert, président du Conseil des directeurs de la Caisse d'épargne de Paris, signale avec intérêt, dans un rapport, la combinaison réalisée à l'école du Mans.

M. Dulac, considérant ses écoliers comme les membres d'une famille, organisa une Association amicale entre ses anciens élèves, qui dans cette fraternité ont souvent trouvé des recommandations et des soutiens pour leur carrière industrielle, commerciale ou simplement ouvrière; une très modeste cotisation (assez inégalement perçue à cause de la dispersion des anciens élèves) fournit aux frais d'une publication qui donne de temps en temps une liste des anciens élèves et de leur profession et adresse. En août 1895, un de ces anciens élèves, aujourd'hui retiré des affaires à Bordeaux, après une assez belle fortune acquise dans les entreprises de travaux publics, vint voir M. de Malarce, qui avait été invité à faire à Bordeaux une conférence à l'occasion de l'Exposition nationale, et il lui montra la liste de l'Association amicale de l'école du Mans, en faisant observer qu'un grand nombre des associés attribuaient une bonne part de leur succès dans leur carrière aux habitudes d'ordre acquises par l'exercice de la Caisse d'épargne scolaire, dûment commenté par leur intelligent directeur.

La Caisse d'épargne scolaire du Mans fonctionna jusqu'à la guerre de 1870; M. Dulac prit sa retraite le 1er octobre 1872 et mourut le 17 septembre 1873. Son successeur, M. Grassin, rétablit l'exercice de l'épargne dans l'école le 1er octobre 1874, en la forme adoptée en France depuis la méthode de 1874.

La tentative de l'école du Mans de 1834 fut signalée par les journaux et recommandée en France et à l'étranger : de là, plusieurs essais analogues faits à Amiens, Grenoble, Périgueux, Lyon, Châtenay, Paris, etc.; dans le Würtemberg (en 1840), grâce à la célèbre Académie Caroline, d'où était sorti l'illustre Georges Cuvier, et aux excellentes Realschulen, écoles professionnelles qui se montraient attentives à tous les progrès des systèmes pratiques d'éducation; à Vérone (Italie), où les fondateurs de l'École pour les jeunes filles israélites disposèrent que les élèves seraient engagées à faire des économies, qu'on déposerait à la Caisse municipale d'épargne. En principe les remboursements ne pouvaient se faire qu'à la majorité ou au mariage de l'élève intéressée, dans le cas où une jeune fille était rayée de la liste des élèves par suite de décès ou de faute grave, ses épargnes étaient attribuées aux plus méritantes des autres élèves. C'était une combinaison d'économie, de charité et de discipline.

En 1844, la Thuringe, qui fut longtemps le principal foyer intellectuel de l'Allemagne, donna l'exemple aux éducateurs allemands, en créant à Altenbergen une société pour la propagande de l'épargne dans l'école; on organisa des Caisses d'épargne scolaires au séminaire et dans les autres écoles de Gotha, dans les écoles de Friemar, de Ballstädt, de Böilstadt, de Hermoff.

En 1845, dans les Pays-Bas, une Caisse d'épargne scolaire fut organisée à La Haye par le professeur Schaberg, dans une école d'enfants pauvres;

En 1846, dans le royaume de Saxe, l'institution fut aussi essayée à Colditz, dans le centre manufacturier de Schemnitz, à Rodewisch et à Schœnfeld;

Après 1848, dans les écoles religieuses du dimanche de plusieurs villes de l'Allemagne, à Berlin, Stettin, Dortmund, et dans quelques écoles d'enfants pauvres;

En 1851, en Suisse, à Mollis et Filzbach (canton de Glaris), et en 1851 à Hombrechticon (Zurich);

En 1852, en Bavière, à Erlangen;

En 1855, en Angleterre, à Great Ilfort et à Essex; puis à Cheltenham, par M. Heller; et en 1860 à Liverpool par le chanoine Warr;

En 1860, à Eschollbrükken (Hesse-Darmstadt), et à Budapest (Hongrie), dans l'École commerciale, fréquentée par des enfants aisés;

En 1865, à Vienne (Autriche), dans l'orphelinat de Vienne, sous la forme d'une œuvre de charité autant que de prévoyance, où des dons charitables se mêlaient aux menues économies courantes faites par les écoliers sur leurs sous de poche.

En 1856, un Congrès international de bienfaisance, tenu à Bruxelles, traita la question de l' « Éducation de la prévoyance », et recommanda, comme le meilleur moyen, d'engager les autorités scolaires à faire faire dans l'école, par les instituteurs, des leçons sur les avantages de la pratique de l'épargne, de l'habitude de la prévoyance, pour le bien-être et le bonheur de la vie; et de présenter ces enseignements en forme de «leçons de choses », par l'exercice de l'épargne des enfants dans l'école même, sous la direction de l'instituteur.

Un savant professeur de droit à Gand (Belgique), M. François Laurent, résolut de mettre en œuvre ce vœu du congrès de Bruxelles; et en 1866, dix années après, étant membre de la commission municipale, il commença, avec un admirable zèle, à introduire l'exercice de l'épargne dans les écoles communales de la ville de Gand; en 1867, il publia, pour faire connaître sa tentative et les premiers résultats, un petit ouvrage, que le Ministre de l'intérieur fit adresser aux frais de l'État à tous les maîtres et maîtresses d'école et à la plupart des administrations communales de Belgique; une seconde publication de M. Laurent fut gratifiée par le gouvernement belge d'un prix de 10,000 francs, sur la fondation Guinard qui, tous les cinq ans, offre une telle récompense « au meilleur ouvrage ou à la meilleure invention pour « améliorer la position matérielle ou intellectuelle de la classe ouvrière ».

En 1874, quand M. de Malarce visita les divers pays d'Europe pour étudier les expériences relatives à l'institution des Caisses d'épargne scolaires, le gouvernement belge fit une enquête à ce sujet dans les écoles du royaume; et l'on constata que l'institution ne s'était encore que peu répandue en dehors de quelques villes où de puissantes influences avaient pu agir comme d'autorité; et cela par des causes très édifiantes pour les organisateurs de cette branche nouvelle d'éducation.

C'est qu'en effet, dans tous les pays que M. de Malarce visita au cours de ses missions, il reconnut que si la Caisse d'épargne scolaire ne s'était que peu répandue, malgré les déclarations les plus hautes sur sa valeur éducative, c'est que les systèmes d'opération avaient des défectuosités : sur ces enseignements d'expériences, et s'éclairant des principes administratifs qu'il avait reçus à l'École nationale d'administration de 1848-50, et de sa pratique administrative depuis vingt-cinq ans, surtout dans les institutions de finances d'État, d'éducation et de prévoyance populaires, il travailla à formuler une méthode d'opération qui, franche des défauts reconnus dans les premiers essais de Caisse d'épargne scolaire, fût à la fois simple et facile, sûre, pour ne pas charger la responsabilité de l'instituteur, et essentiellement éducative pour produire l'effet voulu : l'apprentissage économique et moral de l'écolier, par l'exercice pratique de l'épargne dans l'école, sous la direction et le commentaire de l'instituteur.

Voici les principales défectuosités qu'il s'appliqua à corriger; et chose curieuse et tristement curieuse à noter, c'est que, plus tard, après le succès de la Méthode de 1874, ces procédés défectueux furent reproduits en France par quelques-uns de ces agioteurs malintentionnés, hostiles à toutes les institutions de prévoyance populaire, et ligués dans ces dernières années pour paralyser ou détruire les Caisses d'épargne scolaires, séminaires de toutes les autres institutions de prévoyance; comme on le verra dans le cours de cette histoire, l'institution des Caisses d'épargne scolaires et l'institution des Caisses d'épargne en général, n'ont pas eu de plus ingénieux, de plus tenaces, de plus audacieux adversaires que ces obscurs spéculateurs, la plupart escompteurs de bas aloi, lanceurs d'affaires douteuses, qui voient dans les institutions populaires de prévoyance un obstacle à leur captation des épargnes des travailleurs naïfs, et dans la Caisse d'épargne scolaire l'école d'apprentissage, d'initiation, de toutes les institutions financières du peuple; — tandis que les Caisses d'épargne, dès 1818 en France, et les Caisses d'épargne scolaires, en 1874, ont eu leurs plus francs et dévoués promoteurs et mainteneurs parmi les vrais financiers, surtout parmi les chefs des maisons de haute banque, qui ont considéré que les Caisses d'épargne préparaient excellemment des capitaux et des capitalistes, c'est-à-dire la matière première et la clientèle des banques, ainsi qu'on l'a vu si clairement lors des premiers emprunts par souscriptions nationales depuis ce dernier demi-siècle; dans ce demi-siècle où le menu peuple, par son travail et son épargne, a si merveilleusement montré au monde civilisé que les petits ruisseaux font les grandes rivières, et les petits écus les milliards; et que dans nos sociétés modernes il y a quelqu'un plus riche que Crésus, et c'est tout le monde.

Les adversaires obscurs et cachés des institutions de prévoyance populaire, et surtout des Caisses d'épargne scolaires, de nos séminaires des Caisses d'épargne, ces exploiteurs de l'argent du peuple, dont quelques-uns, en ces dernières années, arboraient sur leur enseigne de la rue les mots consacrés de « Caisse d'épargne » (ce que la loi récente de 1895 a cru devoir formellement interdire et punir en raison même de cet abus, abus où s'étaient même laissé entraîner quelques petites banques d'escompte d'ailleurs correctes) ; ces mauvaises gens ont manœuvré pour capter par des arguments parfois assez spécieux, quelques hommes honorables, mais irréfléchis, qu'ils ont mis en avant et lancés à l'attaque contre les Caisses d'épargne scolaires.

Ainsi d'abord, dès 1882, nous vîmes se produire cette objection : que les Caisses d'épargne scolaires étaient immorales.

L'objection paraissait étrange, venant de telles gens; elle ne tint pas contre les rapports les plus autorisés des membres de l'enseignement, des conseillers généraux et des maires les mieux à même de juger de près les bons effets moraux de ce service d'éducation. Alors, nouvelle manœuvre : ils se demandèrent ce qui avait pu faire le succès de l'institution depuis 1874 ; et reconnaissant que c'était la *Méthode alors adoptée*, qui avait rendu ce service facile et sûr pour l'instituteur, ils imaginèrent de détruire par morceaux cette méthode; ainsi, en engageant les instituteurs à recevoir les gros dépôts des parents des écoliers : ce qui devait les exposer à des tentations, à des pertes, à des désordres, dont on s'autoriserait pour faire cesser la Caisse d'épargne scolaire; ainsi encore, en faisant opérer la Caisse d'épargne scolaire par un autre que l'instituteur, par un employé étranger à l'enseignement, par un intrus : ce qui devait amener des conflits entre cet employé et l'instituteur, entre cet intrus et les autorités de l'Enseignement; et, par suite, déterminer la cessation de la Caisse d'épargne scolaire.

Ces manœuvres, malheureusement, n'ont pas été sans effet; et depuis ces dix dernières années, le nombre des Caisses d'épargne scolaires a diminué d'environ

six mille : le nombre des écoliers épargnants néanmoins est encore en 1895 de
410,188, et le stock des sommes en dépôt a progressé à 12,985,340 francs. Mais
il convient d'aviser, d'appeler l'attention des nombreux promoteurs de l'institution nouvelle sur ces manœuvres délétères, et de les avertir, par ces épreuves, que
la condition d'existence, d'utilité et de bienfait de la Caisse d'épargne scolaire,
c'est la *Méthode* qui depuis 1874 a corrigé les défectuosités de l'institution, et a
déterminé le développement de ce service d'éducation, de ce service populaire,
paralysé de 1834 à 1874, pendant quarante ans, par les vicieux procédés que les
mauvaises gens suscitent aujourd'hui pour détruire l'institution.

Défectuosités.

Une première cause d'échec, avant 1874, est venue de cette conception fausse
de la Caisse d'épargne scolaire : à savoir que l'instituteur pourrait recevoir, en
outre des sous de poche des enfants, les écus de leur famille; par là, les écoliers devenaient de simples commissionnaires entre leurs parents et l'instituteur;
leurs propres menues épargnes se confondaient avec les grosses épargnes de leurs
parents; et ils ne comprenaient pas le mécanisme de la Caisse d'épargne scolaire,
l'acte personnel d'économie; la Caisse d'épargne scolaire perdait son caractère
d'exercice d'éducation, sa raison d'être comme branche auxiliaire de l'enseignement. Et de plus, ce qui n'est pas moins grave, l'instituteur acceptait une responsabilité excessive, incompatible avec sa fonction : au lieu d'avoir dans son tiroir,
à la fin du mois, pour transmettre les fonds à la grande Caisse d'épargne, une
modique somme de 50 francs au plus pour les sous versés en ses mains par ses
élèves pendant le mois, il se voyait dépositaire de centaines de francs, de milliers
de francs; d'où, bien des tentations d'user de ces grosses sommes pour des spé-
culations de Bourse : un instituteur ne risquerait pas sa position pour 50 francs;
mais en face de quelques piles d'argent ou d'or, ne pourrait-il pas se laisser
entraîner par ces petits journaux de spéculateurs de Bourse qui infestent les ate-
liers et les fermes en promettant de faciles et énormes profits? Un tel danger
n'est pas une simple présomption; il s'est révélé dans des écoles de pays voisins
de la France; et c'est pourquoi l'organisateur de la Caisse d'épargne scolaire,
en 1874, établit pour première règle que l'instituteur ne recevrait de ses élèves
que leurs menues épargnes personnelles, soit au plus la somme de 5 francs dans
un mois, sauf le cas où l'écolier se justifierait pour le versement d'une somme
plus forte, et ferait connaître qu'elle provient d'un cadeau extraordinaire ou d'un
don à l'occasion d'une fête de famille.

Certains ont essayé de faire opérer la Caisse d'épargne scolaire par un autre
que l'instituteur, comme en dehors de l'école; dès lors, ce n'était plus qu'une collecte de sous, et non l'exercice vraiment scolaire, éducatif, dirigé et commenté
par l'instituteur, qui autrement se désintéressait de cette opération étrangère à
l'école. Les élèves n'y attachaient plus d'importance; ils comprenaient à peine;
bientôt ils répondaient peu ou point à l'appel de ce collecteur intrus. En outre,
cette intrusion d'un étranger dans l'école viole l'esprit et la règle de ce prin-

cipe sage qui prescrit de ne pas admettre dans l'école un étranger indépendant des autorités régulières, cause de froissements et de conflits avec l'instituteur.

Aussi bien, la seconde règle de la *Méthode* de 1874 porte que la Caisse d'épargne scolaire est dirigée et commentée par l'instituteur, et fait partie intégrante des exercices de l'enseignement de l'école. Dans une des assemblées annuelles de la Société des Schools Savings Banks de Liverpool, qui a pour président l'un des plus habiles et dévoués administrateurs des Caisses d'épargne d'Angleterre, M. Thos. Banners Newton, directeur de la Liverpool Savings Bank (la plus importante Caisse d'épargne du Royaume-Uni), un émérite schoolmaster de Liverpool disait, en un mémorable rapport : « Cet exercice occupe au plus « trente minutes par semaine dans une classe, bien réglée, de cent élèves; à « cela, il convient d'ajouter le travail de comptabilité des bordereaux et autres « pièces pour la grande Caisse d'épargne : c'est tout au plus quatre heures par « mois. Mais fallût-il plus de temps, je n'hésiterais pas à le donner, en raison « des bons effets de cette éducation sur le caractère, l'exactitude, la bonne « tenue, le travail, le zèle aux récompenses, des enfants de nos écoles. de nos « chers enfants... » Et nous aurons lieu de citer des faits, relevés depuis 1874, en France, montrant que nos instituteurs ont autant et plus peut-être que les instituteurs d'autres pays, ce haut sentiment pédagogique, ce dévoûment professionnel, cette profonde intelligence de l'éducateur.

D'autres, sous prétexte de simplifier les opérations, avaient voulu supprimer les remboursements, et disposer que les sous versés par les écoliers à la Caisse d'épargne scolaire ne seraient remboursables qu'à la majorité, au mariage, ou à une autre époque reculée. Ils ne voyaient pas que c'était retrancher la meilleure partie de l'enseignement pratique de la Caisse d'Épargne scolaire : *cette institution a le mérite, en effet, de montrer complètement à l'élève, au futur ouvrier, ce que c'est qu'une caisse de compensation économique;* elle fait toucher du doigt l'avantage de cette opération à double effet, où d'abord on se prive de quelque objet futile pour obtenir ensuite plus tard, par compensation, un objet nécessaire ou d'une sérieuse valeur. *Seule, de toutes les institutions de prévoyance populaire, la Caisse d'épargne permet à un écolier de jouir de cette compensation à courte échéance, dans un temps mesuré suivant son esprit d'enfant à courte vue;* les sous qu'il épargne aujourd'hui en les sauvant de petits gaspillages, de dépenses en bonbons, chiffons et autres futilités, il les retrouvera dans quelques mois, dans quelques semaines, et avec quel bonheur! — pour s'acheter un livre, un objet de vêture, que sa famille ne pourrait peut-être pas lui acheter à ce moment; ou encore pour contribuer à une bonne œuvre, non pas avec des sous subtilisés par une caresse à la faiblesse de ses parents, mais avec des sous de son propre petit pécule et qui représentent fièrement les sacrifices de l'écolier aux vertus d'ordre, de sobriété, de prévoyance.

Et voilà pourquoi on a nommé la Caisse d'épargne scolaire : l'école pratique d'initiation de toutes les institutions de prévoyance.

Plus tard, quand les vues de l'écolier devenu adulte s'étendront, il sera tout préparé pour comprendre la compensation économique à plus longue portée, qui s'offre au travail économe dans les combinaisons des sociétés de secours pour les cas de maladie et pour la retraite de la vieillesse.

Mais à l'enfant de dix ou douze ans, gardons-nous de dire qu'il ne reverra le fruit de ses épargnes actuelles que plus tard, à une époque indépendante de sa volonté; il penserait qu'en fait vous le leurrez pour une sorte de confiscation. Si ses épargnes étaient affectées à une société de secours mutuels pour les jours de maladie, il ne comprendrait guère comment ses menues économies se transforment en visite de médecin et en denrées pharmaceutiques; et puis ses épargnes prendraient la forme de cotisations mensuelles, rigoureuses, peu en rapport avec ses ressources de poche variables, et deviendraient des cotisations paternelles, servies par le père, qui plus nettement ferait mieux de payer par versement direct à la société les cotisations de son enfant. L'écolier ne ferait plus l'exercice salutaire, éducatif, moralisant, de l'épargne. Et de même, si les épargnes de l'enfant étaient affectées à une caisse de retraites, l'écolier comprendrait moins encore une compensation de ses sacrifices qui ne se réaliserait que dans trente ou quarante ans.

Lorsque, à la Caisse d'épargne scolaire, l'écolier aura vu et touché, à sa guise, suivant son désir, l'argent qu'il a confié naguère à la caisse d'épargne, et qu'il veut employer aujourd'hui pour une satisfaction avouable, quand il aura pratiqué pendant plusieurs années de son enfance cette caisse de compensation, vous pourrez, à sa sortie de l'école, offrir au jeune homme qui va devenir ouvrier un livret de société de secours mutuels et même de retraite pour la vieillesse : il comprendra, car son éducation économique de prévoyance sera faite; et l'économe apprenti deviendra bon mutualiste et bon coopérateur.

Donc, que l'initiation aux institutions de compensation économique commence par la Caisse d'épargne scolaire, et que la Caisse d'épargne scolaire fonctionne dans son plein exercice de compensation : ouverte pour recevoir les sous de poche des écoliers, ouverte aussi pour rembourser les épargnes aux écoliers. Et rappelons ici que, d'ordinaire qui sait épargner sait dépenser.

L'idée primitive de la tirelire a fait imaginer le *meuble à troncs*, appareil de tirelires assemblées, armoire de bois, formée d'autant de tiroirs que d'élèves; chaque tiroir percé d'une fente, et approprié à un élève; tous les tiroirs fermés par une clef, que garde l'instituteur. Le meuble est installé dans la classe, et chaque élève peut y glisser ses sous dans le tiroir étiqueté à son nom. Chaque mois, on ouvre les tiroirs, et la somme trouvée dans le compartiment de chaque élève est transmise par l'instituteur à la grande Caisse d'épargne de la localité, qui la reçoit en dépôt et l'inscrit sur le livret de l'écolier.

Ce procédé a montré plusieurs graves inconvénients :

Quand un enfant, une personne adulte même, jette de temps en temps des pièces de monnaie dans une tirelire, il s'imagine volontiers, le jour du dépouillement, que la somme trouvée est moins forte que son épargne : de là des suspicions à l'égard du meuble à troncs. Pour remédier à cela, on a établi que les sous à déposer dans la tirelire par chaque élève seraient, avant tout, présentés à l'instituteur et inscrits sur un livre de comptes courants. Mais alors, on en vient à la *Méthode* de 1874 : comptabilité ouverte, à double compte, l'un formé du *registre scolaire*, où l'instituteur inscrit tous les versements des écoliers; l'autre, formé du feuillet *duplicata* et remis à l'élève à chaque versement. Dans la *Méthode*, l'instituteur garde chez lui, dans sa chambre, les sous épargnés durant le mois, jusqu'au prochain versement mensuel à la grande Caisse d'épargne; avec les meubles à troncs, les sous sont exposés à des vols, par soustraction à travers les fentes, ou par effraction de ce meuble fragile de bois, laissé pendant la nuit dans une salle non habitée. Et lors des accidents de tels vols, on a mis parfois en cause le directeur de l'école, qui est censé surveiller les locaux, mais qui ne peut pas utilement exercer cette surveillance pendant la nuit ni pendant les jours de congé.

En outre, ces meubles à troncs coûtent cher : d'après le devis d'un entrepreneur qui avait proposé d'en fournir à toutes nos écoles à prix réduit, c'est une dépense de 90 francs pour un meuble à cent tiroirs. — Pour 24,000 Caisses d'épargne scolaires en France, cela ferait une dépense de plus de 2 millions de francs; c'eût été peut-être une bonne affaire pour l'entrepreneur, mais un mauvais système à tous autres égards.

Quelques agents de Caisses d'épargne, dans le seul but de rejeter sur l'instituteur la plus grande partie de leur travail, avaient essayé d'obliger chaque instituteur à faire inscrire à la grande Caisse d'épargne, sur un livret à son nom personnel, sur un *livret dit collectif*, les épargnes de ses élèves, et à tenir les comptes individuels de ses élèves, jusqu'à ce qu'un élève quittant l'école redemanderait ses fonds.

Ce procédé avait dès longtemps été condamné par la pratique; repris dans ces dernières années, comme la plupart des systèmes défectueux dont M. de Malarce avait constaté les fâcheux résultats dans ses missions de 1873-74, il a été l'objet d'un examen très sérieux au conseil général de l'Aube, où M. le président Roy (alors président, aujourd'hui Premier Président honoraire, de la Cour des Comptes) fut chargé du rapport sur cette question : avec sa grande autorité d'administrateur et de comptable, M. Roy fit observer que dans cette manière de procéder, l'instituteur assumait une responsabilité excessive à l'égard des enfants et des parents; que la transmission du livret collectif dans les cas assez fréquents où l'instituteur est changé, constitue une opération difficile, incertaine et sans contrôle suffisant; et que d'ailleurs, au point de vue éducatif, l'écolier n'a pas le livret de Caisse d'épargne, qui lui rend *palpable* l'institution de prévoyance (suivant une heureuse expression de M. Sella, ministre des finances d'Italie).

Sur ce rapport, le conseil général de l'Aube vota le 21 avril 1879 les conclusions de M. le président Roy, c'est-à-dire, l'adoption de la méthode française de 1874, en ajoutant ces considérations de principes généraux : qu'une Caisse d'épargne ne peut se refuser à délivrer, dans les conditions ordinaires, sur les versements opérés par les instituteurs, des livrets aux enfants dont le dépôt atteint 1 franc, et à recevoir, dans les mêmes conditions, les versements ultérieurs effectués sur ces livrets. L'instituteur agit, en effet, dans ce cas, pour le compte de chaque élève; et les règlements sur les Caisses d'épargne permettent les versements opérés pour le compte d'un tiers, depuis 1 franc (Instruction ministérielle du 4 juin 1857, § 2). Une école ne constitue pas, d'ailleurs, une collectivité ayant des intérêts communs et à laquelle un livret unique pourrait être délivré! Il importe enfin, d'après un avis formel du Ministre du commerce (du 9 septembre 1878), que les instituteurs ne versent pas aux Caisses d'épargne des sommes autres que celles qui proviennent des économies personnelles de leurs élèves, qu'ils ne se transforment pas en quelque sorte en agents des Caisses d'épargne, agents opérant sans contrôle ni garantie.

Nous devons faire observer ici que ces tentatives mal inspirées de quelques employés de Caisses d'épargne ont été rares et courtes : depuis 1874, l'influence des Caisses d'épargne scolaires sur le progrès des clients et des dépôts des Caisses d'épargne, et par suite sur la fortune même de ces établissements, a été si marquée, si bien constatée par les rapports officiels, que les administrations des Caisses d'épargne se sont montrées de la plus franche et active sympathie pour une institution aussi utile à l'intérêt de leurs employés qu'à l'intérêt moral et social confié à leur sollicitude.

Et c'est encore comme exception que nous signalerons ici le mauvais procédé, tenté dans une Caisse d'épargne, qui, traversant une crise et cherchant des économies, même mal entendues, avait eu l'idée de munir les écoliers de *livrets spéciaux*, autres que les livrets ordinaires, et gratifiés *d'un taux d'intérêt moindre* que les livrets ordinaires. A ce sujet, on a fait surtout observer que le livret délivré par les grandes Caisses d'épargne à l'élève épargnant doit être le même que le livret délivré aux adultes et aux jeunes apprentis qui directement déposent leurs économies à la grande Caisse d'épargne de la localité. Suivant l'esprit même de l'institution, il convient que l'élève qui, par l'économie, a fait acte viril, soit traité comme un homme, et reçoive, pour son épargne, un livret d'homme. Autre considération capitale : le but de la Caisse d'épargne scolaire n'est pas seulement de faciliter à l'écolier la formation d'un pécule ; le grand bienfait visé, c'est d'affilier l'écolier dans la voie de l'économie, de telle sorte qu'à sa sortie de l'école il continue tout naturellement, par suite de l'impulsion donnée, son habitude d'économie. Or, si le livret délivré à l'écolier était différent du livret de l'apprenti et de l'ouvrier adulte, si au sortir de l'école, au moment où la vie libre s'ouvre au jeune homme et le sollicite à la dépense folle par tous les entraînements de l'âge et du milieu nouveau, si à ce moment critique qui parfois décide de l'avenir d'un ouvrier, on *coupe le fil* qui le liait à la Caisse d'épargne (suivant le mot de M. Lopès Dubec, président à vie de la Caisse d'épargne de Bordeaux, ancien président de la Chambre du Commerce), — si on l'embarrasse des formalités d'un changement de livret pour continuer ses économies, on risque fort de voir se perdre les meilleurs effets de l'éducation économique donnée par la Caisse d'épargne scolaire.

L'essai de ce livret spécial, à intérêt réduit, a donné lieu à un incident édifiant :

Le bruit s'était répandu dans la famille des élèves d'une école où le livret à intérêt réduit avait été imposé par la Caisse d'épargne de la localité, que la différence entre cet intérêt réduit et le taux offert aux livrets ordinaires constituait un profit pour l'instituteur : cette différence était de 25 centimes (c'est-à-dire 0 fr. 25 pour 100 francs), soit une somme absolument insignifiante eu égard aux modiques dépôts des écoliers.

Mais enfin, on disait dans le public, qui ne calcule guère : L'instituteur a cinq sous par livret d'enfant.

L'instituteur, pédagogue de grand mérite, décoré de la Légion d'honneur pour ses services dans l'enseignement, crut devoir consacrer quelques instants, vers la fin de sa classe, à parler aux élèves de l'exercice de l'épargne scolaire

comme *leçon de choses*, de la prévoyance, de l'esprit d'ordre, de la sobriété, de
la vie sagement et fortement réglée. La classe finie, les élèves sortirent dans la
cour de récréation; et le directeur vit l'un de ses écoliers prendre amicalement
un camarade par le bras, comme pour faire un tour de promenade, et dire :
« Nous en a-t-il donné de la morale, pour ses cinq sous! »

Ainsi l'autorité de l'éducateur était abaissée, le bon effet de l'enseignement
moral était perdu, parce qu'on supposait que l'instituteur prêchait pour de l'argent, pour ses cinq sous!

Et cela nous conduit à une observation fondamentale pour l'organisation
durable et utile des Caisses d'épargne scolaires. Il faut que l'instituteur n'établisse cette nouvelle branche d'éducation que s'il est bien pénétré de la valeur
éducative de cet exercice scolaire, et non pas exclusivement par des raisons de
profit.

Un excellent homme, ancien industriel, retiré fort riche des affaires, et vou-
lant bien employer sa fortune, écrivit à M. de Malarce pour lui communiquer sa
résolution d'affecter une forte somme (60,000 francs) à provoquer l'établissement des Caisses d'épargne scolaires dans sa région : il offrait une belle prime
aux instituteurs qui organiseraient l'épargne dans l'école; presque tous les instituteurs répondirent à cet appel. Mais l'année suivante, ils demandèrent au généreux philanthrope : « Combien donnez-vous, cette année? » Le brave homme fut
fort étonné, et même indigné : il n'avait pas réfléchi qu'il avait fait appel à l'instinct rapace, et non à l'intelligence et au dévouement; et ce mauvais instinct
avait seul répondu.

La *Méthode* de 1874 a posé en premier principe la libre initiative et le libre
dévouement : c'est ce que faisait remarquer une des principales revues péda-
gogiques de la Suisse, *l'Éducateur*, dans sa livraison du 15 juin 1875.

« Les Caisses d'épargne scolaires s'organisent depuis 1874 en France dans
« des conditions particulièrement favorables; c'est-à-dire qu'elles s'établissent
« sous l'impulsion d'une initiative libre, sans doute avec l'approbation formelle
« de l'administration supérieure, *mais en dehors de toute pression*, et là seulement
« où les notabilités locales et les instituteurs s'accordent à apprécier l'œuvre et à
« juger son adoption, dans le pays, convenable et opportune. Ainsi la Caisse
« d'épargne scolaire est implantée là seulement où le terrain est déclaré
« propre, quand l'administration de la Caisse d'épargne locale se montre résolue
« à cette œuvre d'intérêt populaire, et quand le dévoûment de l'instituteur est
« bien déclaré, c'est-à-dire, alors seulement que se rencontrent les meilleurs élé-
« ments de vitalité et de succès fécond. »

Donc, pour bien établir une Caisse d'épargne scolaire, assurez-vous d'abord
que la Caisse d'épargne de votre localité est bien disposée à donner toutes les
facilités nécessaires aux instituteurs, et d'autre part que les instituteurs sont
désireux de doter leur école de cette branche d'éducation. Dans ces conditions
organisez la Caisse d'épargne scolaire. Sinon, si une de ces bonnes volontés fait
défaut, ou paraît douteuse, abstenez-vous : attendez des circonstances meilleures,
en continuant votre propagande, vos éclaircissements, vos exhortations : autrement, vous ne feriez pas une œuvre viable et efficace, mais un essai avorté, de
déplorable effet.

Donc, que l'instituteur ne soit pas déterminé par un appât de lucre : mais les conseils généraux et les conseils municipaux ont pu fort bien décerner des médailles aux instituteurs les plus méritants sur la proposition des autorités locales de l'enseignement. Ces médailles, qui rehaussent le caractère et le prestige moral des instituteurs ainsi honorés, ont aussi une valeur positive, car elles sont comptées parmi leurs titres à l'avancement.

Cette manière, à la fois délicate et puissante, d'encourager et de récompenser les instituteurs les plus méritants à diriger et à commenter dans leurs leçons morales l'exercice de l'épargne dans l'école, a été appréciée des hommes d'État et des administrateurs d'Europe et d'Amérique les plus autorisés : ainsi dans un rapport officiel de 1875, le conseil des directeurs de la Caisse générale (nationale) d'épargne et de retraite de Belgique conclut en annonçant « que le Ministre de l'in-« térieur de Belgique a résolu d'accorder aux instituteurs qui se montreraient le « mieux pour l'exercice de l'épargne dans l'école, des médailles et des mentions « honorables, ajoutant que M. de Malarce qui s'est acquis une si grande autorité « sur ces questions en Europe, préconise cette idée ».

Un bon nombre d'administrateurs et d'agents de Caisses d'épargne ont également ment été honorés, pour leur concours aux Caisses d'épargne scolaires, de médailles, et de palmes d'officier d'Académie et d'Instruction publique.

RÈGLES DE LA MÉTHODE

Les formes matérielles sont très simples et fort peu coûteuses :

Article 1er. — Le directeur de l'école, après s'être mis d'accord avec l'administration de la Caisse d'épargne voisine (ou le bureau postal d'épargne voisin), fait connaître à ses élèves qu'il recevra leurs petites épargnes, si modique que soit la somme, — et que, si à la fin du mois la somme des petits versements d'un élève atteint 1 franc, il fera le dépôt de ce franc à la Caisse d'épargne pour le compte de cet élève, qui aura alors un livret à son nom ; et à chaque nouveau franc amassé par de petits versements, ce franc sera déposé à la Caisse d'épargne et porté en compte sur le livret personnel de l'élève. Cette communication est faite par l'instituteur de vive voix d'abord, et ensuite par la distribution aux élèves et aux familles d'une notice. (Voir ci-après.)

Art. 2. — Au commencement de la classe du matin, une fois par semaine, à jour fixe, de préférence le mardi, l'instituteur annonce l'*exercice de l'Épargne*.

Il a devant lui un cahier, *Registre de la Caisse d'épargne scolaire*, dont chaque page, destinée au compte d'un élève, porte en tête le numéro du folio du registre, le nom de l'élève, et le numéro du livret de la grande Caisse d'épargne (quand ce livret a été obtenu). Chacune de ces pages présente douze colonnes verticales pour les douze mois de l'année, et trente et une lignes horizontales pour les jours du mois, c'est-à-dire autant de cases que de jours de l'année. (Voir le modèle ci-contre.) Ce cahier doit contenir un peu plus de pages que l'école n'a d'élèves, en vue de nouveaux survenants.

L'instituteur pose sur sa table, à côté du *Registre*, un *Feuillet volant* qui, sur le *recto*, est un *fac-simile* d'une page de registre. Ce feuillet sera remis à l'élève comme duplicata de son compte, duplicata qui est une double garantie et pour les parents de l'élève et pour le directeur de l'école. Sur le *verso* de ce feuillet on peut utilement faire imprimer une courte notice de quelques lignes, expliquant le but moral et le fonctionnement de la Caisse d'épargne scolaire. Afin de protéger ce *feuillet duplicata*, que l'élève doit conserver chez lui ou dans son portefeuille d'école jusqu'au prochain versement, on le plie en deux, on y met une couverture et on l'arrange comme un petit cahier de classe.

D'ordinaire, l'administration de la Caisse d'épargne de la localité, ou le conseil général (préfecture), ou le conseil municipal (mairie), fournit gratis aux écoles le *Registre*, les *feuillets duplicata*, et les autres imprimés. Mais l'instituteur, quelquefois aussi, fait dresser ses cadres à la plume par ses élèves mêmes, comme exercice utile d'écriture et de comptabilité.

ART. 3. — Les choses ainsi disposées, chaque élève épargnant se présente à tour de rôle devant le bureau de l'instituteur, et y dépose la petite somme qu'il veut mettre à la Caisse d'épargne scolaire. A chaque dépôt, immédiatement, l'instituteur inscrit la somme dans le *Registre* à la page afférente à l'élève, et dans la case du jour; et aussitôt après, il fait de la même manière la même inscription sur le *Feuillet duplicata*, qu'il rend à l'élève titulaire. L'inscription sur le *feuillet duplicata* peut être faite par un élève d'élite, un moniteur, qui siège à côté de l'instituteur et sous ses yeux.

Tout élève peut se procurer à un bureau de Poste, ou quelquefois à la Caisse d'épargne ordinaire voisine, des bulletins d'épargne, sorte de carton sur lequel il colle des timbres-poste jusqu'à ce que la valeur de ces timbres-poste ainsi collés atteigne la somme de 1 franc : et alors, il remet ce bulletin à l'instituteur comme s'il déposait à la Caisse d'épargne scolaire 1 franc [1].

Tel est le mécanisme de la Caisse d'épargne scolaire à l'intérieur de l'école. Aussi simples et faciles sont les rapports avec la grande Caisse d'épargne de la localité, qui recevra chaque mois les épargnes individuelles ayant atteint un franc ou des francs ronds.

ART. 4. — Dans les premiers jours de chaque mois, l'instituteur, à chaque page de son registre, c'est-à-dire pour chaque compte d'élève, fait l'addition des petites sommes inscrites dans la colonne du mois écoulé : si le total n'atteint pas un franc, il reporte le chiffre des centimes en haut de la colonne suivante, pour que cette somme s'ajoute aux versements à venir. Quand le total dépasse 1 franc ou des francs ronds, il reporte le chiffre des centimes, s'il y en a, en haut de la colonne suivante, et inscrit le franc ou les francs ronds sur un bordereau destiné à la grande Caisse d'épargne.

Dans ce *bordereau mensuel* (voir le modèle ci-contre), l'instituteur note pour chaque élève à inscrire : le numéro du folio du registre de l'école, le nom de l'élève (si l'élève n'a pas encore de livret de la grande Caisse d'épargne : la date et le lieu de sa naissance, sa demeure, les noms et demeure de son père ou tuteur), la somme à verser pour son grand compte à la grande Caisse d'épargne, et, si l'élève a déjà le livret de la grande Caisse d'épargne, le numéro de ce livret.

Les élèves qui ont déjà des livrets sont inscrits les premiers sur la liste de ce bordereau.

---

1. Ce procédé des bulletins d'épargne est fort utile partout où la Caisse d'épargne (postale ou ordinaire) en facilite l'emploi. Il fut signalé à M. de Malarce au cours d'une de ses missions des Ministères des Finances et du Commerce (en 1875) en Angleterre, par un fonctionnaire distingué de la Post-Office-Saving-Bank, M. Charles Dibdin (aujourd'hui secrétaire général de la Royal national Life Boat Institution), qui soumit le projet dans un mémoire au Post-Master général, lord John Manners (duc de Rutland), en même temps que M. de Malarce en faisait rapport au gouvernement français. Le procédé, mis en œuvre en Angleterre en 1881, fut adopté ensuite en France et dans plusieurs autres pays du continent. Il a été reconnu fort utile toutes les fois qu'on a eu soin de conserver la direction et l'action de l'instituteur pour maintenir l'exercice de l'épargne comme exercice essentiellement scolaire, éducatif, pour diriger, éclairer et *faire persévérer* les jeunes économes.

Aʀᴛ. 5. — L'instituteur fait le total des sommes à verser à la Caisse d'épargne; il date et signe le bordereau, qu'il porte ou transmet à la Caisse d'épargne, avec l'argent (espèces ou bulletins d'épargne), et avec les livrets des élèves épargnants, déjà titulaires de livrets. L'instituteur doit garder minute de ses bordereaux.

Il est bon que l'instituteur s'entende avec l'administration de la Caisse d'épargne pour le jour et l'heure de son versement, afin qu'il accomplisse son opération sans retard ni lenteur. On doit désirer que l'agence de la Caisse d'épargne puisse remettre ou rendre à l'instituteur les livrets des élèves dans la séance même.

Aʀᴛ. 6. — L'instituteur doit garder les livrets de ses élèves tant que les élèves restent à l'école. Toutefois, le lendemain de tout versement nouveau à la grande Caisse d'épargne, il confie à l'élève titulaire le livret portant inscription de la somme versée à la grande Caisse d'épargne, afin que l'élève montre son livret à la famille; mais ce livret doit être rapporté chez l'instituteur exactement le jour suivant.

Aʀᴛ. 7. — Quand un élève veut retirer tout ou partie de son avoir déposé à la grande Caisse d'épargne, il doit obtenir l'intervention de son représentant légal, père, mère-tutrice ou tuteur, qui signe sur le livret avec l'instituteur et l'agent de la Caisse d'épargne.

Aʀᴛ. 8. — Quand un élève quitte l'école, l'instituteur remet à son représentant légal le livret de la grande Caisse d'épargne, et aussi les fractions de franc qui peuvent se trouver en dépôt dans la petite Caisse d'épargne scolaire; de tout quoi, reçu est donné sur le registre même de l'école, à la page affectée à l'élève. L'instituteur avise la Caisse d'épargne que l'élève a quitté l'école et que son livret a été remis à son représentant légal.

La législation des Caisses d'épargne autorise les versements par intermédiaire, et, en conséquence, les versements faits par l'instituteur dans le fonctionnement de la Caisse d'épargne scolaire. (Art. 28 du décret du 15 avril 1852, rendu en la forme de règlement d'administration publique, sur la proposition des ministres des finances et du commerce, le Conseil d'État entendu, et instruction ministérielle, articles 7 et 14, en date du 4 juin 1857, en exécution du décret précité.)

Fac-similé d'une page du REGISTRE DE LA CAISSE D'ÉPARGNE SCOLAIRE

tenu et gardé par l'Instituteur.

Fº I.
Folio du Registre
de la Caisse
d'épargne scolaire.

M. Joseph LEBRUN.

Nº du livret : 2384
de la grande Caisse d'épargne.

DATES	OCTOBRE	NOVEMBRE	DÉCEMBRE	JANVIER	FÉVRIER	MARS	AVRIL	MAI	JUIN	JUILLET	AOUT	SEPTEMBRE
	fr. c.	fr. c.										
Report.........		10										
1		20										
2												
3	20											
4												
5												
6												
7												
8												
9												
10	10											
11												
12												
13												
14												
15												
16												
17	30											
18												
19												
20												
21												
22												
23												
24	50											
25												
26												
27												
28												
29												
30												
31												
Total du mois.....	1 10											
Centimes à reporter.	10											
Francs ronds à verser à la gr. Caisse d'ép.	1 »											

*(Modèle de) Bordereau mensuel des sommes versées à la Caisse d'épargne de N...
par M. N..., directeur de l'école de N..., au nom et pour le compte des élèves ci-après
indiqués :*

NUMÉRO du registre de la Caisse d'épargne scolaire.	NOM ET PRÉNOMS de l'Élève.	DATE ET LIEU de naissance.	DOMICILE	SOMME déposée à la grande Caisse d'épargne.	NUMÉRO du livret de l'Élève à la grande Caisse d'épargne.
1°	LEBRUN Joseph.	20 mai 18..., à N...	25, rue Neuve, à N...	1 fr.	2381
3°	MARLY Paul. .	5 sept. 18..., à N...	3, r. Richelieu, à N...	4	2392
7°	FAURE Léon. .	1er mars 18..., à N...	1, pl. d'Armes, à N...	2	0
			Total.	7 fr.	

A N...   le   18,....

Le Directeur de l'École de...

(Signature de l'Instituteur.)

N. B. — Les divers imprimés nécessaires à cette petite comptabilité des Instituteurs se trouvent,
conformes aux modèles ci-dessus, à la librairie Hachette et Cⁱˢ, 79, boulevard Saint-Germain, Paris.
Les frais de ces imprimés sont d'ordinaire fournis par les *Fonds de cotisations municipales et particulières.* Voir la circulaire en *Annexe* (du 1er octobre 1875) du Directeur général de la comptabilité
publique du ministère des Finances aux Trésoriers-Payeurs et aux Receveurs des Finances pour
faciliter le développement et le fonctionnement des Caisses d'épargne scolaires.

Notice (Modèle de).

*A distribuer aux familles des élèves, et à imprimer aussi sur le verso de la feuille
duplicata remise à chaque élève épargnant.*

La Caisse d'épargne scolaire a pour but de mettre la Caisse d'épargne à la portée
des enfants : elle leur procure le moyen de déposer leurs petites épargnes inférieures
au franc admis par la Caisse d'épargne ordinaire, et la faculté de déposer sans déplace-
ment, dans l'école même, par les soins de l'instituteur. L'écolier peut ainsi sauver
de dépenses futiles quelques-uns des sous de poche que ses parents laissent à sa
libre disposition.

Aussitôt que les sous épargnés atteignent la somme d'*un franc*, ce franc est versé
à la grande Caisse d'épargne par les soins de l'instituteur; il est inscrit sur un livret
ordinaire au nom de l'écolier, qui devient alors un véritable déposant de la grande
Caisse d'épargne.

Un enfant de sept ans, qui prendrait l'habitude d'épargner deux sous par semaine
sur ce qu'on lui donne le dimanche pour ses friandises, se trouverait, à sa majorité,
propriétaire d'un capital de plus de quatre-vingts francs.

Ainsi un écolier se formera, s'il le veut, un précieux pécule; et, à l'occasion, ce
pécule, comme on l'a plusieurs fois constaté dans les Caisses d'épargne scolaires,

pourrait ne pas être inutile aux besoins de la famille, dans un de ces moments de crise qu'il faut toujours prévoir, et que l'enfant économe sera heureux de soulager.

Ainsi, en outre, un enfant fera son apprentissage de l'économie, c'est-à-dire de la bonne conduite de ses affaires; par cet exercice pratique de l'épargne, dirigé par l'instituteur, il apprendra à modérer ses besoins factices, à dominer sa volonté, comme à régler sa vie, et à sauver de dépenses inutiles ou mauvaises, bien des petites sommes; et ces petites sommes ont leur prix, au total, pour se procurer quelques objets d'instruction ou de vêture, pour faire œuvre charitable à l'occasion, et parfois pour faire graine de fortune : cela s'est vu avant et depuis Franklin et Laffite.

Un sou gaspillé peut ouvrir une fissure au termite qui ruinera la plus grosse maison; — un sou économisé peut être le point de départ d'une vie réglée, et peut être prospère.

Fonctionnement.

Les petites sommes versées par chaque élève épargnant sont inscrites immédiatement, séance tenante, par l'instituteur : 1° dans un registre *ad hoc* au compte de l'élève déposant; 2° et sur un double du compte de l'élève, lequel est remis à l'élève qui doit le représenter à chaque versement.

Toutes les fois que les versements d'un élève ont atteint le chiffre d'un franc, cette somme est déposée en son nom sur un livret de la grande Caisse d'épargne de la localité.

Les remboursements, partiels ou totaux, sont demandés par le représentant légal de l'enfant, et effectués sous sa signature et celle de l'instituteur.

Par une circulaire, en date du 1ᵉʳ octobre 1875, adressée à MM. les Trésoriers-Payeurs généraux et Receveurs des finances, le Directeur général de la comptabilité publique a réglé des mesures destinées à faciliter le développement et le fonctionnement des Caisses d'épargne scolaires.

Après avoir signalé le caractère d'initiative libre et de dévouement volontaire des Caisses d'épargne scolaires, et indiqué le système d'opération des instituteurs, conforme aux dispositions formulées dans le *Manuel des Caisses d'Épargne scolaires*, de M. de Malarce, la circulaire fait connaître que, d'accord avec les ministères de l'agriculture et du commerce, le ministère des finances a décidé « que les fonds destinés à la fourniture des « imprimés nécessaires au service des Caisses d'épargne scolaires, et votés « par les conseils généraux, les communes, des associations ou même des particuliers, « pourraient être centralisés dans les écritures des trésoriers généraux, à l'instar des « cotisations municipales et particulières. Les Receveurs des finances ouvriront, à cet « effet, à la nomenclature des cotisations un paragraphe qui sera intitulé : *Fonds* « *destinés à la fourniture des Caisses d'épargne scolaires*. Les fonds ainsi centralisés « seront mandatés par le préfet au profit soit des fournisseurs, soit des personnes « autorisées par les conseils généraux ou municipaux à retirer les fonds[1]. »

---

1. Voici une indication de la dépense pour une école d'environ cent enfants :

Le **Registre de la Caisse d'épargne scolaire.** — 1 feuille de tête.	» fr.	05
— — 25 feuilles intercalaires à 0,05 c.		
la feuille de 4 pages	1 fr.	25
	1 fr.	30
30 bordereaux mensuels.	»	70
100 feuilles volantes avec notice au verso à 0,03 c.	3	»
300 feuilles notices à 1 fr. le cent, et à 9 fr. le mille.	3	»
Le **Manuel des Caisses d'épargne scolaires.**	1	»
	9 fr.	»

MISE EN ŒUVRE DE LA MÉTHODE

L'esprit et le règlement de la *Méthode* étant ainsi formulés, M. de Malarce pensa tout naturellement à organiser d'abord l'institution à Paris, dans ce foyer central, qui rayonne les idées et les œuvres sur nos provinces, et souvent aussi à l'étranger chez tous les peuples civilisés du monde. Il rencontra dès le début des adhésions chaleureuses, notamment à la Caisse d'épargne de Paris et à la préfecture de la Seine; ainsi d'abord chez le directeur de l'Enseignement primaire de la Seine, M. Octave Gréard (plus tard, vice-recteur de l'Académie de Paris, membre de l'Académie française et de l'Académie des sciences morales et politiques) : douze directeurs ou directrices, instituteurs d'élite des écoles de Paris, furent indiqués par le directeur de l'Enseignement, les inspecteurs d'Académie et d'Enseignement primaire de la Seine; l'organisateur les visita, puis les réunit, pour les mettre au courant du but et du système d'opération de la Caisse d'épargne scolaire. Chez tous, il trouva une intelligence d'éducateurs vraiment supérieure et un parfait dévoûment professionnel. On se mit à l'œuvre, avec le concours de la Caisse d'épargne de Paris, dont plusieurs administrateurs, surtout M. le président Bartholony et M. Bourceret, et l'agent général M. Remy Faudon, digne disciple et successeur de l'honorable Agathon Prévost, avaient pris à cœur cette sorte de séminaire propre à former des clients aux grandes Caisses d'épargne. Mais on sentit bientôt qu'il y avait quelque part un grain de sable, un grain d'achoppement.

La Caisse d'épargne de Paris, qui a été la première Caisse d'épargne établie en France (en 1818), qui est restée la première des Caisses d'épargne françaises et par son organisation et par sa direction et par son importance; la Caisse d'épargne de Paris, qui a eu pendant près d'un demi-siècle, jusqu'en 1869, pour agent général Agathon Prévost, le plus éminent administrateur, le principal auteur du système de comptabilité de nos Caisses d'épargne; cette Caisse d'épargne, en 1874, traversait une crise qui gênait et paralysait même ses bonnes intentions de progrès administratif. Cette crise avait pour première cause la transformation de Paris, le percement des grandes artères, la démolition de ces vieilles et énormes maisons d'ouvriers, d'artisans et de petits commerçants, qui se pressaient comme des ruches accumulées entre Saint-Eustache et le Vieux Temple. Les modestes et réguliers travailleurs qui habitaient ces quartiers populeux étaient les clients naturels de la Caisse d'épargne, assez voisine, rue Coq-Héron; ils furent expatriés par les démolitions, et ils allèrent fonder comme des colonies dans la banlieue; leurs habitudes se trouvèrent forcément changées : ils ne pouvaient même pas aller aux succursales, ouvertes dans les mairies le dimanche matin : ce jour-là et à cette heure, ils étaient absorbés par l'obligation de venir à Paris rapporter leur ouvrage à leur patron et prendre les commandes. De là une diminution dans les sommes versées à la Caisse d'épargne; le stock des épargnes en dépôt allait s'affaiblissant depuis 1853, ou n'augmentait guère; il était de 54,413,164 fr. en décembre 1853, il décroît à 48, 47, 45, 44 millions dans les années suivantes, et oscille autour de 50 millions jusqu'en 1869. Réduit encore après la guerre, il n'est plus que de 36,110,907 fr., en 1874. Plus tard, grâce à la multiplication des succursales et des séances et à d'autres actions (notamment les Caisses d'épargne scolaires), il se relèvera jusqu'à 66 millions en 1881, date où le maximum légal du livret est étendu de mille à deux mille francs, cause d'un accroissement exceptionnel.

En 1874, certains administrateurs de la Caisse d'épargne de Paris doutaient de l'avenir; le produit de la retenue pour les frais (0 fr. 75 pour 100 du stock des épargnes en dépôt) diminuait, et ne couvrait plus les frais administratifs, qui dès lors devaient être prélevés, pour une forte part, sur les fonds de dotation de la Caisse d'épargne; et l'on prévoyait le moment où la dotation serait épuisée.

Dans ces conditions, la Caisse d'épargne de Paris demandait instamment qu'une loi nouvelle relevât le maximum du livret à trois mille francs, maximum établi par la loi de 1835 (8 juin), au lieu de mille francs, maximum modifié par la loi de 1851 (30 juin). Ce relèvement du maximum augmenterait le stock dépôts, et, par suite, le produit de la retenue pour les frais. Une proposition de loi, présentée le 1er août 1872 à l'Assemblée nationale et motivée sur les rapports de M. de Malarce (rapports résumés dans un article de la *Revue des Deux Mondes* du 15 juin 1872) comportait ce relèvement. En mai 1875, la proposition vient à l'ordre du jour : l'Assemblée nationale adopta, comme d'un accord unanime, l'article 1er, qui mettait les bureaux de poste et les percepteurs des contributions directes à la disposition des Caisses d'épargne qui demanderaient le concours de ces auxiliaires. Mais, sur les articles suivants, un incident politique démonta le projet dans ses autres dispositions, ainsi sur le relèvement du maximum du livret. Quelques administrateurs regardaient ce relèvement comme une question capitale pour la Caisse d'épargne de Paris.

On comprend que dans une telle situation de la Caisse d'épargne de Paris, certains administrateurs, en 1874, aient pu penser qu'il ne fallait étendre en rien les services jusqu'à ce que les ressources de l'établissement eussent été relevées par le relèvement du maximum du livret. Ces personnes ne prévoyaient pas, ce que l'expérience leur a montré plus tard évidemment, que la propagande des écoliers et des instituteurs par les Caisses d'épargne scolaires vaudrait aux grandes Caisses d'épargne une extension rapide et considérable de clients adultes et fructueux. En 1874, on fit une démarche auprès du préfet de la Seine, qui engagea l'organisateur des Caisses d'épargne scolaires « à laisser ça tranquille à Paris pour le moment, et à voir en province ».

Quand l'institution eût réussi en province, elle fut reprise à Paris, mais non plus avec le même élan et comme avec un certain regret d'agir à la suite de la province; aussi, malgré l'intelligence et le cœur des directeurs de la Caisse d'épargne et des chefs de l'enseignement à Paris, quelques organisations des Caisses d'épargne scolaires à Paris ont subi, sous des influences étrangères à la Caisse d'épargne et à l'Enseignement, diverses altérations qui, dans quelques écoles, ont fait perdre à cet exercice scolaire son véritable caractère éducatif, par exemple, en enlevant l'exercice à l'école, ainsi en subordonnant l'instituteur à un employé étranger à l'école, qui opère en dehors des classes, ou fait intrusion dans l'école et, en tout cas, exclut ou subordonne l'instituteur : ce n'est plus qu'une banale collecte de sous. L'institution éducative, dans ces écoles, n'existe pas, et l'instituteur se désintéresse d'un service dont il n'a ni la direction ni l'honneur.

Suivant le conseil, peu confiant peut-être, du préfet de la Seine, M. de Malarce s'adressa aux administrations des départements, aux municipalités, aux caisses d'épargne, aux membres de l'enseignement : il fit une large distribution de son Manuel, offrant son concours administratif pour aller faire des conférences, pour donner sur les lieux plus amples informations, et pour la mise en œuvre; il fut très bien secondé par la presse de Paris et de la province; bientôt il étonna ses amis de Paris en leur communiquant les réponses empressées, les franches adhésions, qui lui arrivaient de divers points de la France. Décidément, la province révélait un esprit d'initiative, un ressort, un sentiment patriotique dont on ne la croyait pas, à ce degré, capable. Un sens patriotique! Oui, car une des premières réponses à l'appel de M. de Malarce venait d'un instituteur, directeur d'une école de village vers les frontières de l'Est; ce brave éducateur, vrai patriote, écrivait :

« ... qu'il voudrait établir dans son école une Caisse d'épargne scolaire, qu'il était convaincu que cet exercice donnerait aux enfants, aux futurs hommes de France, plus de régularité de conduite, plus d'énergie, de force morale, surtout si l'instituteur se servait de cet exercice comme d'une leçon de choses; et qu'il voyait là un de ces moyens de relèvement moral que réclament les patriotes français à ce lendemain de nos désastres, de nos malheurs... »

Ce sens patriotique pour le relèvement moral de la France se manifestait dans un grand nombre de correspondances adressées de nos provinces à l'organisateur des Caisses d'épargne scolaires. D'autres ajoutaient cette considération positive, mais qui s'est vérifiée non moins juste, à savoir qu'après nos pertes, après les cinq milliards et demi de la rançon, et les autres milliards plus graves peut-être, perdus pour la guerre et durant la guerre, il fallait reconstituer la fortune de la France par le travail et par l'épargne, par l'épargne qui rend l'homme plus laborieux et sauve du gaspillage les fruits du travail.

Tels furent les principaux motifs (il en était de moindres, assez intéressants, très stimulants et dont nous parlerons aussi) que donnaient les premiers adhérents à l'œuvre des Caisses d'épargne scolaires. Ainsi écrivaient de Bordeaux M. Lopès-Dubec, directeur à vie de la Caisse d'épargne de Bordeaux (de 1851 à 1883), ancien président de la Chambre de Commerce, et son collaborateur, M. Bruneaud-Lacaux, agent général (de 1844 à 1875) de la Caisse d'épargne, dignement continué aujourd'hui par M. Emile Lacombe; M. Liès-Bodard, inspecteur d'académie à Bordeaux, ancien professeur de la Faculté de Strasbourg (avant 1870, plus tard, Inspecteur général de l'Instruction publique); le cardinal Donnet, archevêque de Bordeaux (de 1836 à 1880), esprit ouvert à tous les sages progrès, et M. Fourcand, maire de la ville (plus tard sénateur). Une Caisse d'épargne scolaire fut d'abord organisée dans une école spécialement patronnée par M. Lopès-Dubec : le succès constaté, quelques semaines après, tous les instituteurs et institutrices de la ville de Bordeaux furent convoqués dans une réunion, où, d'un commun accord, on décida de doter de ce nouvel exercice scolaire toutes les écoles.

Et la Caisse d'épargne de Bordeaux eut lieu bientôt de se féliciter, même au point de vue financier, d'avoir favorisé cette œuvre en contribuant aux menus frais des imprimés nécessaires au fonctionnement. Elle avait compté en 1872 une clientèle de 32,663 déposants et un stock de 12 millions de francs; en 1873, 33,780 déposants et 12 millions et demi de francs; en 1874, 35,185 déposants et 13 millions de francs. Et tout à coup, dans le cours de l'année 1875, sa clientèle s'étend à 41,820 déposants et son stock à près de 15 millions de francs (14,960,491), et la progression s'accentue dans les années suivantes; et les mêmes effets sont constatés à partir de 1875 par de nombreux rapports des Caisses d'épargne, des préfets aux Conseils généraux, des inspecteurs d'académie et d'enseignement primaire, des Conseils généraux, dans toutes les provinces de la France, et si bien que le rapport national annuel du Ministère du Commerce reconnaît « que l'on doit attribuer aux Caisses d'épargne scolaires pour une bonne part l'extension rapide de la clientèle des déposants adultes dans les années qui ont suivi l'organisation des Caisses d'épargne scolaires en 1874 [1]. »

Peu de temps après Bordeaux, Nantes s'organise, par les soins de M. de la Brosse, vice-président, et M. Frédéric Besnard, l'actif et habile agent général de la Caisse d'épargne : et là encore, effets immédiats, reconnus, de la propagande instinctive et puissante des écoliers épargnants, dans leur famille, et de la propagande des instituteurs autour d'eux à l'occasion de la Caisse d'épargne scolaire, et aussi plus tard de l'accroissement de la clientèle par les enfants devenus adultes. En 1872 et 1873, la clientèle de la Caisse d'épargne de Nantes est de 12,502 et 13,401 déposants, et le stock, de 4 millions de francs et 4,314,035 francs; en 1874 et dans les années suivantes la clientèle est de 16,428 — 19,234 — 21,923 — 25,100 — 28,200 — 30,717 — 33,483 — 36,836, et le stock : 5,101,717 francs; — 5,8 — 6,5 — 8,0 — 9,3 — 10,2 — 11,1 — 15,3, etc.

Et le produit de la retenue s'accroît en conséquence et bien plus que les frais administratifs.

Cette observation précieuse fut bientôt notée par les Caisses d'épargne, et les statistiques officielles ne manquèrent pas de relever que, pour l'ensemble des Caisses d'épargne, depuis 1874, la charge qu'elles avaient acceptée pour le petit travail des livrets des élèves et pour les frais d'imprimés pour les Caisses d'épargne scolaires, était bientôt et largement récompensée au point de vue de la fortune des Caisses d'épargne; que le produit de la retenue (de 25 à 50 centimes, sauf Paris qui percevait 75 centimes, par 100 francs de stock de dépôts), ressource nor-

---

1. Le nombre des clients, déposants, de nos Caisses d'épargne, qui s'était élevé lentement à 2,100,000 en 1870, était à peu près au même chiffre en 1872; il était à 2,170,000 en 1874 : dès lors, il s'éleva rapidement dans les années suivantes, par des progressions de trois cent mille clients et plus; il atteint 4,434,314 en 1882 et 6,449,218 livrets ou déposants à la fin de l'année 1895. La Caisse nationale d'épargne postale a conquis, depuis sa création en 1882, bientôt près de deux millions de clients ou déposants.

male des Caisses d'épargne, était devenu bientôt supérieur aux dépenses administratives, qu'ainsi les frais nouveaux qu'ont pu exiger les Caisses d'épargne scolaires et les autres améliorations de service provoquées, depuis 1874, par le mouvement de l'opinion publique déterminé par les Caisses d'épargne scolaires, ont été largement couverts par la plus-value des dépôts, qui se sont accrus depuis 1874, par une progression sans précédent. Voici, enfin, ce que montrent les statistiques officielles de nos Caisses d'épargne de France depuis 1874 :

Années.	Stock des dépôts en millions de francs.	Différence entre le produit de la retenue et les dépenses administratives 1.	
		Perte.	Excédent ou bénéfice.
1873..........................	535	— 112.960 francs.	
1874..........................	573	— 105.513 —	
1875..........................	660	— 22.804 —	
1876..........................	769		+ 108.845 francs.
1877..........................	863		+ 425.298 —
1878..........................	1.016		+ 645.103 —
1879..........................	1.154		+ 1.184.738 —
1880..........................	1.280		+ 1.435.937 —
1881..........................	1.409		+ 1.967.188 —

1. A partir de 1882 (loi du 9 avril 1881) le maximum du livret est étendu de 1000 à 2000 francs ; ce qui a modifié beaucoup le stock et le produit de la retenue, et ne permet plus de comparaison.

Cette amélioration de fortune des Caisses d'épargne est surtout remarquable dans les départements où les Caisses d'épargne scolaires ont été d'abord établies et en plus grand nombre : ce qui autorise à dire que rapidement les caisses d'épargne scolaires contribuent à la fortune des Caisses d'épargne, sans parler de l'avenir qui recevra par les Caisses d'épargne scolaires une génération nouvelle profondément améliorée, une plus large clientèle d'adultes, fructueuse pour les Caisses d'épargne. Les éducateurs de tout ordre et les conseils généraux, les municipalités, les autres notabilités locales de l'enseignement, ont souvent présenté avec succès ces arguments d'expérience aux administrations des Caisses d'épargne, ainsi intéressées pour leur propre fortune.

Et ce n'est pas seulement en France que cet argument a eu sa raison d'être et a été produit. Un rapport officiel de l'administration belge attribue une grande influence aux Caisses d'épargne scolaires sur la clientèle des déposants adultes dans les localités où étaient organisées des Caisses d'épargne scolaires, en ajoutant qu'un grand nombre de parents ne connaissaient pas les Caisses d'épargne et ne s'en formaient sans doute pas une idée, avant d'avoir vu les livrets par leurs enfants.

Et c'est ce que déclarait aussi le savant et pratique économiste italien, Quintino Sella, ancien Ministre des finances d'Italie, lorsqu'à l'occasion de son projet de loi sur les Caisses d'épargne postales en 1875, il disait que le livret remis aux écoliers et éclairé par le commentaire de l'instituteur rend *palpable* l'institution de la Caisse d'épargne parmi les membres de la famille : dans ce discours, Sella parlait d'ailleurs en véritable homme d'État à hautes vues, c'est-à-dire, non moins en moraliste qu'en financier.

Autres bons effets, moraux,

d'après l'expérience.

Aux moralistes, en effet, la Caisse d'épargne scolaire dès les premiers temps de son organisation méthodique, après 1874, a fait ses bonnes preuves d'institution moralisatrice.

Très nombreux et affirmatifs sont les rapports des inspecteurs d'académie aux préfets dans les documents annuels publiés pour être soumis aux conseils généraux : on y déclare, *de visu*, que l'exercice de la Caisse d'épargne scolaire et le commentaire qu'en fait l'instituteur agissent sur l'écolier, qui devient plus posé, plus exact, mieux discipliné, et plus ferme dans son travail et sa conduite : il se règle et se domine, il se sent homme, possesseur de quelque chose, maître de soi, et fier de pouvoir être bon à autrui, par lui-même.

Voici, parmi de nombreux exemples officiellement rapportés, trois faits caractéristiques :

Pendant les inondations du Midi en 1875, les élèves des écoles de Bordeaux, non moins généreux qu'économes, ayant aussi bon cœur que bon esprit, donnèrent, de leur plein gré, une somme de près de 10,000 francs à la souscription pour les inondés; ces dons furent prélevés librement par les écoliers sur leurs petites épargnes des Caisses d'épargne scolaires, où déjà 4,521 élèves avaient économisé et déposé depuis 1874 un total de 45,725 francs. Cet acte est consigné dans les rapports de M. Liès-Bodard, inspecteur d'académie, et M. Chaumeil, inspecteur de l'enseignement primaire, de Bordeaux, tous deux devenus plus tard Inspecteurs généraux.

Cette même année 1875, et pendant que la souscription pour les inondés du Midi était ouverte dans toutes les mairies de la France, le fait suivant (rapporté par M. Dumoustier de Frédilly, directeur au Ministère du commerce et de l'agriculture, l'un des présidents de la Société des institutions de prévoyance de France) montre la valeur morale de la Caisse d'épargne scolaire et de l'épargne :

A Sannois (Seine-et-Oise), — où M. Dumoustier de Frédilly résidait pendant l'été, — un maraîcher, après la journée de travail, lisait le journal en famille, entre ses deux enfants, petits garçons de neuf et douze ans : le journal racontait les ruines, les accidents mortels, causés par les inondations, et il concluait en faisant un appel pressant à la charité : l'un des enfants, l'aîné, tout ému par ce récit, embrassa son père en lui demandant quelque chose pour donner à la souscription. Le père, charmé de ce bon sentiment, remit une pièce de dix sous à l'enfant, et présenta une autre pièce au cadet en lui disant : « Et toi, tu ne veux rien? — Moi, dit d'un air réfléchi le petit garçon, j'ai mon idée : merci tout de même, père. — Soit, nous verrons ton idée. » Le lendemain, c'était un dimanche, le maraîcher sortit le matin avec ses deux enfants pour porter sa souscription à la mairie; l'instituteur siégeait là, délégué du maire pour recevoir les dons. L'aîné des enfants versa tout heureux son offrande. Le cadet s'avança et dit à l'instituteur :

« Monsieur, je voudrais retirer sur mon avoir de la Caisse d'Épargne cinquante centimes : auriez-vous la bonté de m'inscrire d'autant pour la souscription aux inondés? » Le père embrassa l'enfant; et prenant à part l'instituteur, il lui raconta ce qu'avaient fait ses deux petits garçons. Le lendemain, en ouvrant sa classe, l'instituteur rapporta ce récit à ses élèves, mais sans nommer les enfants en cause : il montra comment l'aîné, bon petit cœur sensible, avait obtenu de son père par une caresse de quoi donner aux inondés; mais comment le cadet, mieux charitable encore, avait donné de son propre bien, de son épargne, qui était le fruit de son travail récompensé et de son économie, c'est-à-dire de ses sacrifices. Et cet intelligent éducateur fit ressortir combien l'acte du cadet était encore plus méritoire que l'acte de l'aîné; car l'aîné devait sa ressource d'aumône simplement à un mouvement de sensibilité et à une câlinerie filiale.

Dans le bureau d'une Caisse d'épargne, à Versailles, l'agent de service vit entrer un ouvrier, qui semblait traîner après lui un petit garçon d'une douzaine d'années. Cet ouvrier posa sur la tablette de l'agent un livret, et dit d'un air embarrassé et d'un ton bourru : « Voilà le livret de mon garçon : je voudrais retirer. — Combien voulez-vous retirer? » dit l'agent, examinant le livret chargé d'un petit avoir de 16 francs. — L'homme hésitait, et l'enfant lui murmura à demi-voix : « Ne prends que cinq francs, père; tu sais que maman a dit qu'il fallait acheter une pèlerine chaude pour petite sœur, qui tousse toujours. » — L'homme, troublé, ne répondait pas à l'agent, qui, comprenant la scène, lui lança ces mots d'un ton sévère : « Eh bien! voyons, combien voulez-vous retirer? » — L'homme, tout confus, reprit le livret en disant à voix sourde : « Après tout, je veux réfléchir; bonsoir! » — Et il s'en alla, suivi du petit garçon tout joyeux, qui à la porte lui sauta au cou pour le remercier.

Il était facile de deviner les dessous de cette scène de famille : le père, entraîné par quelques camarades débauchés, avait eu l'idée coupable de prendre sur le livret de son petit garçon pour « faire la noce »; et l'enfant, plus sage, plus viril, mieux réglé par l'éducation de la Caisse d'épargne scolaire, s'était montré doucement résistant, et il avait triomphé de ce moment d'aberration du père.

Voilà bien en action, et en belle et bonne action, l'œuvre moralisatrice de la Caisse d'épargne scolaire, qui agit non seulement sur les générations nouvelles, mais aussi, comme par réflexion, sur les anciens, dont la jeunesse fut moins bien formée.

Peu de temps après Bordeaux et Nantes, bon nombre d'autre villes et, ensuite, bien des centres ruraux, dotaient leurs écoles d'une Caisse d'épargne scolaire, par l'action de maires, de conseillers généraux, d'inspecteurs d'académie ou d'enseignement : ainsi dans l'Aube, par l'influence si autorisée en matière d'organisation et de comptabilité de M. le président Roy (de la Cour des Comptes), président du conseil général de l'Aube; dans l'Aisne, par le président du conseil général, M. Waddington (plus tard ministre de l'instruction publique, des affaires étrangères, président du conseil des ministres, ambassadeur à Londres), qui en 1879 fit ressortir dans un rapport à son conseil général de l'Aisne, d'après l'expérience locale, constatée par les rapports très documentés de M. Brettinière et M. Delsart, inspecteur d'académie et inspecteur primaire, la facilité et la sûreté des opérations de la méthode des Caisses d'épargne scolaires, et les effets moraux de l'institution : puis, dans la Côte d'Or, le Nord, la Seine-Inférieure, la Meurthe-et-Moselle, le Jura, l'Hérault, l'Yonne, les Vosges, etc.

Ainsi se forma un premier noyau d'hommes de dévouement public et de compétence administrative et pédagogique, qui allaient bientôt déterminer partout en France les plus fécondes initiatives

Développement.

Frappé de ce ralliement empressé de tant d'hommes de grande valeur pour une œuvre d'éducation populaire, M. de Malarce voulut les retenir par un lien plus large, et il conçut l'idée d'une Union scientifique pour le perfectionnement et la propagation de toutes les institutions populaires.

Le 14 novembre 1875, fut fondée la *Société des institutions de prévoyance de France*, qui bientôt, par le concours de la plupart des éminents étrangers, hommes d'État, de science et de bien les plus dévoués aux intérêts populaires, s'étendit au loin et devint l'*Association permanente du Congrès scientifique universel des institutions de prévoyance*.

Dans la pensée des fondateurs, cette société scientifique avait pour but d'abord de contribuer au relèvement national, dont on parlait beaucoup depuis la guerre de 1870-71, mais qu'on négligeait en fait dans les luttes politiques des partis; ensuite, de régulariser par des études expérimentales la fièvre folle d'améliorations dont est saisi tout peuple le lendemain d'une crise politique, nationale ou sociale, comme on l'avait vu après 1830 et après 1848; et enfin de servir un nouveau progrès vers l'élévation des classes inférieures par le bon usage de la liberté.

La science économique dans la période de 1789 a fait œuvre d'affranchissement ; elle a d'abord travaillé à rendre les hommes libres; son mot d'ordre fut alors Liberté! Plus d'esclaves, plus de serfs, plus d'entraves à l'industrie, au commerce, au travail! Laissez faire, laissez passer : Liberté pour tout et pour tous ! — Mais aujourd'hui, une seconde œuvre est à faire : Apprendre aux hommes à se servir de la liberté; et au moyen de combinaisons suggérées par la science expérimentale, apprendre au citoyen libre à utiliser au mieux les produits de son travail, à bien aménager ses ressources par la prévoyance, à rendre ces ressources plus efficaces encore par l'association, à régler sa vie, et, par là, à maîtriser ses passions, à fortifier et régler ses énergies. Sans quoi, la liberté serait un présent funeste, et par le désordre nous rejetterait bientôt dans la servitude. Plus on a fait les hommes libres, plus il importe à l'harmonie des sociétés et même à leur richesse, au bien matériel et moral, au bonheur des individus, des familles, des nations, que tout homme libre sache faire usage de sa liberté, — suivant une juste observation d'un homme d'État français, aussi apprécié, et peut-être encore plus vénéré, à l'étranger qu'en France, pour l'intégrité de sa vie et son haut caractère : M. Buffet, (ancien ministre du Commerce en 1848, de l'Agriculture en 1851, des Finances en 1870, Président de l'Assemblée nationale de Versailles, auj. sénateur et membre de l'Institut); et c'est cela qu'enseigne excellemment, par exemple, la pratique des institutions de prévoyance, et surtout l'exercice scolaire de l'épargne dans l'école, apprentissage propre aux habitudes et aux vertus de prévoyance ; c'est pourquoi ces institutions ne sont pas seulement les organes utiles, mais les organes nécessaires, de nos sociétés modernes où règne la liberté.

. La première session (1878 juillet) du Congrès des institutions de prévoyance justifia cet exposé des motifs.

Peu de jours après la session, M. Gambetta, rencontrant l'organisateur, un matin, aux Champs-Élysées, lui disait ces paroles, publiées en temps et plusieurs fois rappelées : « Vous avez fait une grande chose par ce Congrès ; la question sociale m'avait longtemps effrayé ; il y a par le monde tant de fous et de rêveurs dangereux. Mais quand j'ai su que vous aviez posé la question sur ce principe : Que la question sociale ne se résout point par un coup de décret, mais par une série d'institutions mises à la portée et à l'usage volontaire du peuple, qui prend fièrement la responsabilité de l'amélioration de son sort ; par des institutions qu'on trouve çà et là essayées, pour la plupart, prêtes à qui saura les perfectionner et les multiplier ; par des institutions que vous traitez non par des combinaisons hasardeuses, mais par l'étude comparée et méthodique, scientifique, de toutes les lois économiques et de tous les organismes des divers pays civilisés ; alors je me suis dit : « Voilà la voie sûre ouverte au progrès, par la méthode expérimentale, la « vraie voie du progrès social. En vérité, votre Association du Congrès scien- « tifique universel des institutions de prévoyance est une grande chose. Vous « faites plus qu'un précieux inventaire des institutions sociales propres aux « travailleurs ; vous montrez en principe et en pratique une méthode de progrès ; « et cette méthode de progrès écarte les fous et les rêveurs, rallie et arme les « seuls hommes sensés et puissants pour le bien du peuple ; par là, vous êtes « la science sociale en verbe et en action. Tout mon concours vous est acquis. »

M. de Malarce répondit qu'il était heureux d'entendre parler ainsi un homme d'État aussi influent ; et qu'il serait plus satisfait encore si M. Gambetta publiait ces hautes et sages observations dans ses journaux. M. Gambetta promit de le faire, ajoutant qu'il accueillerait toujours les notes que M. de Malarce lui enverrait sur ces questions de prévoyance, de mutualité, de coopération ; il tint sa promesse ; et comme ce qu'il disait ou publiait était alors parole du maître (ος εφη) pour une partie notable des populations de la France, on doit reconnaître que son concours s'exerça fort utilement soit pour les Caisses d'épargne scolaires, soit pour les autres institutions populaires servies par les travaux de la Société des institutions de prévoyance.

En 1882, un chef d'État remarquable par son esprit profond et vigilant, attentif aux faits et aux courants d'idées de tous les pays, et doué de discernement, faculté rare, le roi Oscar II, recevait à son palais de Stockholm M. de Malarce, et lui rappelait comment une méthode scientifique, la *méthode* du Français Descartes (décédé en 1650 au palais royal de Stockholm, dont il était l'hôte et le pensionnaire), avait transformé la pensée humaine et pour des siècles ; et comment l'induction baconienne, la méthode expérimentale, qui depuis notre siècle surtout a si bien servi les progrès des sciences physiques, peut aussi bien servir les sciences économiques et sociales, ainsi que l'avait prouvé le Congrès scientifique universel des institutions de prévoyance populaire, qui a été une démonstration décisive à l'encontre des alchimistes sociaux, en montrant quels progrès les peuples pouvaient faire sans se risquer aux utopies.

M. de Malarce avait été appelé en Suède pour étudier les institutions et les lois de ce pays et contribuer à préparer certaines améliorations (ainsi la création en Suède d'une Caisse d'épargne postale, qui a été mise en œuvre le 1er août 1883), et le développement des Caisses d'épargne scolaires.

Dans un discours, prononcé à Stockholm le 9 septembre 1882, en présence du roi de Suède et de Norvège et des notabilités du gouvernement, du corps diplomatique, de l'Académie des sciences (présidée par le baron Nordenskiold), de l'administration et de la haute banque (entre autres, M. Wallenberg, président de l'Ins-hilda Bank de Suède), il exposa les organisations et les résultats d'expérience des principales institutions populaires des divers pays d'Europe et d'Amérique. Invité ensuite à visiter les établissements d'intérêt populaire de la plupart des provinces, il fut conduit dans l'important gouvernement d'Elfsborg, par le comte Eric de Sparre (le descendant du compagnon d'armes de Charles XII), sénateur, gouverneur de la province d'Elfsborg depuis 1858, depuis vingt-quatre ans ; et on lui demanda de faire une conférence sur l'institution des Caisses d'épargne scolaires ; ce discours fut prononcé dans la chaire de l'église de Venesborg. En introduisant l'économiste et administrateur français, le Très honorable gouverneur fit ressortir comment la chaire sacrée s'accordait bien avec l'enseignement des vertus de tempérance, d'ordre, de vie réglée et prévoyante.

Revenons à ces années actives et fécondes de 1874 et suivantes, où le secrétaire perpétuel de la Société des institutions de prévoyance, organisateur des Caisses d'épargne scolaires, reçut par an 1,200, 1,500 et près de 1,800 lettres, de toutes les parties de la France et de bien des pays étrangers. Ce mouvement allait s'accentuer plus encore.

La loi italienne du 27 mai 1875, proposée par M. Sella, pour importer en Italie la Caisse d'épargne postale, affecte deux articles à l'institution des Caisses d'épargne scolaires pour la faciliter, conformément dans les principales dispositions aux règles de la méthode dite française de 1874. En vertu de cette loi, des récompenses sont instituées pour les instituteurs qui auront obtenu les meilleurs résultats éducatifs (buono effetto educativo).

Au mois de mai 1875, le projet de loi présenté à l'Assemblée nationale de Versailles le 1er août 1872, fut retiré, par suite d'un incident politique survenu pendant la discussion ; mais seulement après le vote de l'article 1er qui mettait les bureaux de poste et les perceptions des contributions directes à la disposition des Caisses d'épargne qui demanderaient ces nombreuses et commodes agences auxiliaires.

Cette combinaison multipliait les agences des Caisses d'épargne et pouvait faciliter beaucoup les Caisses d'épargne scolaires en rapprochant des instituteurs, la grande Caisse d'épargne, où chaque mois ils versent les sous des écoliers ayant atteint le franc (minimum accepté par la grande Caisse d'épargne). Le rapport de la commission parlementaire sur le projet de loi recommandait expressément l'institution des Caisses d'épargne scolaires.

Un décret du 23 août 1875, conforme à la pensée de l'Assemblée nationale, établit et régla l'organisation nouvelle des agences auxiliaires des Caisses d'épargne, en stipulant une rémunération de 10 centimes pour chacun des versements ou remboursements effectués par les receveurs des postes et des percepteurs, remise par la Caisse d'épargne qui profitait de ces concours; et une circulaire du 1er octobre 1875 favorisa les Caisses d'épaigne scolaires, en disposant que la remise de 10 centimes allouée aux comptables de l'État, agents des Caisses d'épargne, serait calculée, non pas en raison du nombre d'élèves épargnants, mais seulement pour chaque bulletin collectif de versement ou de retrait présenté par l'instituteur. — En outre, la circulaire donne des facilités pour centraliser dans les écritures des trésoriers généraux, à l'instar des cotisations municipales et particulières, les fonds destinés à la fourniture des imprimés nécessaires au service des Caisses d'épargne scolaires et votés par les conseils généraux, les communes, par des associations ou même par des particuliers, — tout en signalant le caractère d'initiative libre et de dévouement volontaire des Caisses d'épargne scolaires.

Au moment de la session des conseils généraux d'août 1876, le président, le vice-président et le secrétaire perpétuel de la Société des institutions de prévoyance de France adressèrent aux présidents de tous les conseils généraux la lettre suivante :

Paris, le 20 août 1876.

Monsieur le Président,

Nous avons l'honneur de vous offrir, et d'offrir au conseil général que vous présidez, la *Revue des premiers travaux* de la Société des institutions de prévoyance et le *Manuel des Caisses d'épargne scolaires.*

Nous appelons particulièrement l'intérêt de l'Assemblée départementale sur l'institution des Caisses d'épargne scolaires, dont notre Société s'occupe d'une manière plus spéciale en ce moment.

Cette institution est dans une voie de développement rapide, régulier et très heureusement favorisé par l'opinion publique. La France compte aujourd'hui cinquante-trois départements dans lesquels l'institution des Caisses d'épargne scolaires a été introduite, et librement introduite, par le concours dévoué et désintéressé d'hommes de dévoûment public : plus de trois mille écoles sont déjà munies de ce service, et plus de deux cent mille écoliers sont déjà parvenus au grand livret de Caisse d'épargne.

Plusieurs Conseils généraux, appréciant les resultats déjà constatés, les procédés faciles d'exécution, le bienfait et la popularité des Caisses d'épargne scolaires, ont voté des crédits destinés à propager cette utile institution, c'est-à-dire, à doter les écoles de leur département des imprimés nécessaires, et à récompenser les efforts des instituteurs et le zèle des employés de la Caisse d'épargne. (Conseil général de l'Aisne, de l'Aube, de la Gironde, de l'Hérault, du Puy-de-Dôme, de la Somme, etc., votes de crédits de 300 à 1,800 francs, etc.).

En signalant ces faits sommaires, développés dans la notice ci-jointe, et en sollicitant les conseils généraux à continuer ou accorder leurs encouragements aux Caisses d'épargne scolaires de leur département, la Société des institutions de prévoyance obéit à la loi de sa fondation, qui se résume ainsi :

Apprécier, par l'étude comparée des expériences des divers pays, les institutions de prévoyance, leurs méthodes et les résultats;

Recommander et propager, par les moyens de publicité dont elle dispose, les institutions reconnues les plus utiles, et les méthodes les meilleures, c'est-à-dire surtout les plus pratiques.

Nous vous serons reconnaissants, Monsieur le Président, de vouloir bien donner lecture de cette lettre à vos honorables collègues.

La Société sera toujours empressée d'accueillir les communications que vous voudriez bien lui faire, et d'ouvrir ses archives à tous les conseillers généraux qui désireraient de plus amples renseignements sur ces questions de si grand intérêt public.

Veuillez agréer, Monsieur le Président, les assurances de nos sentiments de haute considération.

Le Président des fondateurs de la Société,
premier Président,

HIPPOLYTE PASSY,
Membre de l'Institut.

Le Président,

ROY,

Président à la Cour des Comptes.

Le Secrétaire perpétuel,
A. DE MALARCE.

Cette circulaire avait été préparée par des rapports, des vœux et des actes très sympathiques émanés de compagnies scientifiques de grande autorité :

Le 12 février 1876, à la séance de l'Académie des sciences morales et politiques, M. Hippolyte Passy avait présenté et commenté la cinquième édition du *Manuel* de M. de Malarce sur les Caisses d'épargne scolaires.

Le compte rendu de cette séance dans le *Journal officiel* porte :

« Le savant académicien a rappelé, avec un sentiment patriotique, que l'idée des Caisses d'épargne scolaires était une idée française conçue et mise en œuvre par des essais isolés en quelques localités de notre pays, il y a une quarantaine d'années, mais que cette institution a été l'objet de plusieurs expériences intéressantes à l'étranger, d'où M. de Malarce l'a pour ainsi dire réimportée chez nous en l'organisant, à la suite de missions dont il avait été chargé en 1873. Grâce au concours d'un grand nombre d'administrateurs et d'instituteurs, et à l'assentiment bienveillant des Ministères du commerce, des finances et de l'instruction publique, il est parvenu, agissant par voie d'initiative libre et faisant appel à des dévouements tout à fait volontaires, à déterminer déjà la fondation en France, de près de 2,000 Caisses d'épargne scolaires, toutes dirigées par des hommes de franche bonne volonté, et qui toutes par cela même fonctionnent à souhait; elles montrent déjà des résultats moraux considérables; 120,000 écoliers sont ainsi formés par cette éducation économique pratique. M. Hippolyte Passy, avec la portée de vue de l'homme d'État de vieille expérience, a fait ressortir qu'il est bien difficile, et parfois impossible, de modifier les habitudes des ouvriers adultes, et de convertir à l'esprit de prévoyance, à la pratique de l'économie, des hommes déjà déformés par d'autres mœurs; mais que l'habitude de l'ordre, de la sobriété, de l'économie, inculquée à l'enfant sur les bancs de l'école, et par les conseils de l'instituteur en qui l'écolier a foi, est le moyen le plus efficace de préparer des générations nouvelles considérablement améliorées dans leur état moral et matériel. Il faut donc, a dit M. Passy en terminant son rapport à l'Académie, féliciter M. de Malarce du succès de ses efforts, et l'engager à poursuivre une œuvre qui deviendra de plus en plus féconde pour le progrès du bien public et aussi du bien privé. »

Le 23 mars 1876, le Congrès des Agriculteurs de France, sous la présidence de M. Drouyn de Luys (ancien ministre, ancien ambassadeur, membre de l'Instilut), termina sa session par une déclaration en faveur des Caisses d'épargne scolaires.

L'assemblée générale du Congrès émit le vœu : « Que les écoles des campa- « gnes et des fermes-écoles soient dotées de Caisses d'épargne scolaires, partout « où les circonstances locales le permettront ».

Ce vœu n'est pas seulement considérable par la compétence et l'autorité des membres de la Société des Agriculteurs de France, mais aussi par la manière dont il s'est produit.

Un grand nombre de membres du Congrès agricole, propriétaires-agriculteurs, résidant à la campagne dans des localités où sont déjà établies des Caisses d'épargne scolaires, avaient constaté de près le fonctionnement régulier et facile de cette institution d'éducation populaire, et les bons résultats moraux, déjà sen- sibles; ils ont donc exprimé le désir que l'institution fût inscrite parmi les ques- tions à l'ordre du jour du Congrès, et invité le promoteur, M. de Malarce, à exposer la question dans la section de l'*Éducation agricole*.

Cette section, présidée par M. Tisserand, inspecteur général d'agriculture, conclut en formulant le vœu ci-dessus reproduit, et en chargeant M. de Malarce de porter et de soutenir ce vœu à l'assemblée générale du Congrès, qui con- firma par son vote les motifs ainsi exposés :

1° La Caisse d'épargne scolaire est une institution d'origine française, qu'il s'agit de rapatrier chez nous, après avoir étudié les procédés bons ou défectueux essayés dans divers pays étrangers, en Angleterre, en Belgique, en Italie, en Autriche, en Allemagne, etc.

2° Le promoteur a posé pour règle que la Caisse d'épargne scolaire doit être l'œuvre de la libre initiative, et ne s'établit que dans les localités où toutes les volontés nécessaires se prêteront résolument à l'œuvre; on a ainsi évité des fon- dations factices, imposées aux instituteurs, et qui n'auraient pas manqué de s'effondrer par des abus, des plaintes, des difficultés de toute sorte, au détriment du crédit populaire de l'institution. Ceux qui ont librement organisé une Caisse d'épargne scolaire par conviction du bien public à produire, ont fait de ces fonda- tions comme leur œuvre personnelle et s'y dévouent comme à leur chose propre.

3° La méthode formulée en 1874 a le double avantage reconnu d'être très simple de procédés, ne demandant à l'instituteur qu'une tâche facile et de peu d'instants; d'être sûre d'opérations, opérant constamment au grand jour, sous les yeux des élèves et le contrôle des familles; et d'être essentiellement éducative.

4° Le promoteur a réglé avec toute la mesure possible son action énergique, tenace, et il a eu soin d'appeler et de faire concourir à cette entreprise d'utilité populaire, de progrès national, les influences d'ailleurs les plus diverses, les efforts de tous, sans distinction de partis politiques ou autres, les efforts de tous les hommes de franc dévouement patriotique et de bon sens social.

Enfin, et ce motif touche le plus intimement le progrès de l'agriculture et le progrès des bonnes mœurs de nos populations agricoles : la Caisse d'épargne scolaire apprend au futur agriculteur à tenir compte de ses opérations, de ses recettes, de ses dépenses, par la pratique du livret, où l'écolier peut suivre au jour le jour ses petites épargnes, et les dépenses auxquelles il les emploie. La comptabilité agricole, si difficile à faire pratiquer par nos paysans, qui vivent la plupart sans compter, sans se rendre un compte exact de leurs entreprises, de ce

que leur coûte une amélioration agricole, et de ce que cette opération rapporte
en bénéfice net, cette comptabilité agricole, instrument de tout progrès agricole,
et si rare aujourd'hui, peut entrer dans les habitudes de nos paysans, formés à
l'usage habituel d'une comptabilité par l'apprentissage élémentaire de la Caisse
d'épargne dans l'école, sous la direction et le commentaire de l'instituteur, qui
enseigne ainsi aux écoliers à se regarder vivre et agir.

Ces observations furent si bien comprises, que l'année suivante, en 1877, le
Congrès annuel des agriculteurs de France étendit et renforça son premier
vœu, en souhaitant que « les écoles de filles soient munies de Caisses d'épargne
« scolaires comme les écoles de garçons », par ce motif que dans les ménages
d'ouvriers, et surtout dans les campagnes, la femme est la *véritable ménagère*
de la famille; qu'elle fait la dépense par le menu au jour le jour, et qu'ainsi elle
peut faire l'économie; que la femme a aussi le soin des grosses dépenses, des
loyers, des vêtements, des approvisionnements de ménage, etc., et que ce souci
la porte à la prévoyance journalière, à la discrétion pour les dépenses courantes,
sur lesquelles on peut faire des épargnes en vue de dépenses plus fortes et
lointaines; que dans les fermes, la basse-cour est l'affaire de la femme, qui crée
là souvent une source importante de revenus pour la famille, et qu'en général
c'est la femme qui tient les comptes des petites exploitations.

Le 30 avril 1876, M. Louis Lefébure, ancien député, membre du Conseil supérieur du commerce, ancien sous-secrétaire d'État des finances, secrétaire général
de la Société de protection des apprentis, présenta à l'assemblée générale (tenue
au cirque des Champs-Élysées, sous la présidence de M. J.-B. Dumas, de l'Académie des sciences), un rapport approfondi dont voici quelques extraits :
« ... J'arrive à une récompense exceptionnelle, un hommage qui s'adresse à la
fois à un homme et à une institution : Je veux parler de M. de Malarce et de
l'institution des Caisses d'épargne scolaires.
« L'œuvre de M. de Malarce nous a paru admirable à tous égards. Son exemple
atteste d'une façon éclatante la toute-puissance de l'initiative individuelle, et ses
efforts remédient à l'une des plus graves lacunes qui existent dans nos institutions ouvrières...
« ... Nous devons nous attacher plus que jamais à provoquer, à développer
dans l'ouvrier l'action, le sentiment de la responsabilité personnelle. *Il serait
téméraire de nous flatter d'améliorer la condition de l'ouvrier sans son propre concours.* Notre but ne saurait être de penser, d'agir, de prévoir pour lui; *notre but
doit être d'aider l'enfant, d'aider l'ouvrier, à s'aider lui-même.* Et rappelons-
nous d'ailleurs que, de son lit de mort, le fondateur de l'Union américaine adressait
à ses compatriotes ce dernier et suprême conseil : « Instruisez le peuple ! »
Le 6 août 1876, la Société pour l'instruction élémentaire (fondée par Carnot)
décernait à M. de Malarce un témoignage exceptionnel pour ses travaux et ses
efforts en faveur des institutions populaires, et notamment les caisses d'épargne
scolaires, et elle appuyait cet acte d'un rapport fortement motivé.

Le 7 mai 1876, la Société des institutions de prévoyance de France, sur la proposition du secrétaire perpétuel, décide que le 2 juillet 1878, pendant l'Exposition
universelle de Paris, un congrès scientifique international aura lieu, pour élucider

les améliorations et les réformes des institutions populaires par un échange de vues et d'expériences des divers pays du monde civilisé. Afin d'attirer le plus grand nombre possible d'hommes d'État, de sciences et de bien, et de n'inquiéter personne par la crainte de votes critiques, il fut expressément stipulé que les communications et débats au congrès ne donneraient lieu à aucun vote; chacun ferait son profit pour le bien de son peuple des enseignements d'expérience présentés dans cette assemblée, sans être exposé à rapporter du congrès une censure quelconque des mœurs, des institutions, ou des lois de son pays.

Les adhésions affluèrent, considérables, sur le simple appel adressé par la voie de la presse.

630 ouvrages ou mémoires furent apportés, sur les lois, les organismes, les méthodes, les procédés de comptabilité et de contrôle et les statistiques de ces institutions économiques, ainsi inventoriées pour la première fois et par les économistes et les administrateurs les plus compétents de tous les États de l'Europe, des Etats-Unis, du Brésil et de l'Australasie. Ces éminents citoyens du monde civilisé se constituèrent en *Association permanente* pour échanger en tous temps leurs observations et leurs idées, et constituer dans les Archives du congrès, à Paris, un inventaire permanent, dont M. Jules Simon disait, en 1883, à l'Académie des sciences morales et politiques, qu' « on peut hardiment attribuer « à l'influence de cette Association une bonne part du développement et de « l'amélioration des institutions de prévoyance en Europe et en Amérique dans « ces dernières années ».

Les sessions suivantes ont permis de constater l'accroissement du nombre des documents, par 2,600 et 4,000 pièces : et le progrès continue; et de mieux en mieux les Archives sont visitées par les hommes d'Etat, les savants, les administrateurs, les chefs d'industrie, les étudiants, les ouvriers de France et de l'étranger, de plus en plus nombreux appliqués à ces études de la science expérimentale, pour assurer dans les lois et les institutions les progrès sociaux, loin des entreprises hasardeuses et des utopies.

L'un des plus éloquents orateurs du congrès, M. Luzzatti, professeur de droit à l'université de Padoue, député au parlement italien (plus tard Ministre du Trésor), dit à la séance de clôture de la première session : « Au nom des « étrangers, nous remercions vivement notre secrétaire perpétuel : je dis *notre*, « parce que nous voulons rester associés à jamais à cette œuvre qui vient d'être « inaugurée par le congrès..., à notre secrétaire perpétuel, M. de Malarce, qui en « a pris l'initiative et qui, associant la philanthropie à la science la plus sûre et « la plus éclairée, est le plus digne de poser les bases de cette science de « l'épargne qui s'adresse à la fois au cœur et à l'esprit des ouvriers. Avant de « nous séparer, nous devons aussi remercier la France pour son accueil si cordial, « si plein de sympathie. La France, malgré ses malheurs, est toujours le pays de « tous, l'organe des idées bienfaisantes et généreuses, la langue universelle de « tout ce qui est digne, beau, grand; et chaque Français peut répéter ces vers « d'un grand poète qui écrivait à Paris :

> Je suis concitoyen de tout homme qui pense :
> L'humanité, c'est mon pays! »

Toutes les institutions d'épargne, de mutualité et de coopération furent examinées dans cette session, comme d'ailleurs dans les sessions suivantes, et dans les conférences, moins solennelles, mais non moins utiles, qui ont lieu aux Archives du Congrès entre les membres (français de Paris et des provinces, et étrangers) qui se rencontrent de temps en temps à Paris.

Pour ce qui concerne les Caisses d'épargne scolaires, M. Hippolyte Passy parla ainsi : « Les institutions populaires sont nombreuses, et elles ont beaucoup « fait dans l'humanité : qu'il me soit permis d'en signaler deux surtout, puis- « qu'elles vont au but plus directement que les autres, et parce que les résultats « obtenus ont prouvé à quel point elles sont bien appropriées aux besoins des « sociétés modernes. L'une de ces institutions, c'est celle des Banques populaires « de Schülze-Delitzch » (et ici le très honorable et savant homme d'État exposa le système et les bons effets de ces *Unions mutuelles du crédit populaire*)..... « Une « autre institution, que je tiens à recommander, c'est celle des Caisses d'épargne « scolaires. Ces Caisses d'épargne scolaires recèlent un germe qui grandit et « deviendra des plus féconds pour le bien. A qui s'adressent les Caisses d'épargne? « à des hommes faits, ayant des habitudes contractées, trop souvent défavorables « au bon emploi de leurs moyens d'existence. Les Caisses d'épargne scolaires « s'adressent aux enfants, à des êtres qui ont tout à apprendre, le bien comme le « mal, et non seulement elles ont pour résultat de confirmer chez les enfants « d'excellentes dispositions naturelles, mais elles leur offrent les moyens de les « suivre, elles leur montrent le bien qu'enfantent l'économie, la vie sobre, sage, « réglée. Les Caisses d'épargne scolaires, telles qu'elles fonctionnent actuellement « en France, ont une valeur qui n'appartient qu'à cette institution, la *puissance* « *éducatrice*. Et, je n'en doute pas, les générations qu'elles instruisent déploieront « dans les luttes de la vie un degré d'intelligence et de raison, de prévoyance et « d'énergie, bien supérieur à celui qu'ont atteint les générations passées et pré- « sentes. Et qui plus est, les enfants mêmes d'aujourd'hui, élevés dans l'esprit et « la pratique de ces vertus, exercent une action salutaire sur leurs parents : le « fait est constaté partout où opèrent les Caisses d'épargne scolaires. »

Ainsi parlait M. Passy, ce vétéran des sciences d'État et des affaires publiques, qui avait passé cinquante années de sa vie dans les charges publiques les plus élevées, ou dans la méditation et la discussion des plus grands intérêts nationaux et sociaux, et toujours avec une hauteur de vues, un discernement et un carac- tère pur et désintéressé, appréciés de tous les gens de bien, à l'étranger comme en France : et il disait encore, en s'adressant à son disciple et ami M. de Malarce : « Quand on entreprend une grande tâche de pur intérêt public, on doit « s'attendre à rencontrer des obstacles, des ennuis, des déboires de toutes sortes ; « il ne faut donc pas trop s'inquiéter des difficultés qu'on vous suscite. Marchez « toujours! Courage! Vous avez su rallier déjà bien des coopérateurs, des amis : « poursuivez votre œuvre ; et à mesure que vous avancerez dans le succès, ce ne « sera plus une légion, ce sera une armée. Et déjà le concours de tant de gens de « cœur et d'intelligence de tant de pays divers, est fait pour vous consoler de bien « des peines, de bien des misères. »

A L'ÉTRANGER

Après la France, c'est peut-être, de tous les grands pays, l'Angleterre qui a le mieux mis à profit cette institution française de la Caisse d'épargne scolaire; et cela de la meilleure grâce du monde, en reconnaissant l'emprunt fait à un peuple voisin.

En 1886, un écrivain d'autorité dans les œuvres d'éducation et de moralisation, Agnes Lambert, a traité, dans l'importante revue *The Nineteenth Century* (Le XIX\u1d49 Siècle), en deux grands articles, les questions principales relatives aux Caisses d'Épargne scolaires. Trois choses sont mises en évidence dans ce travail savant et précis : « C'est qu'en France, l'organisateur est parvenu à obtenir des « notabilités locales un concours qu'on ne prévoyait pas; c'est que les membres « de l'enseignement en France à tous les degrés, et surtout les instituteurs, ont « montré un dévouement et un sens d'éducateurs tout à fait remarquables; « c'est enfin que les douze premières années d'expérience de la Méthode de « M. de Malarce ont prouvé que c'était par défaut d'un bon système que durant « les quarante années précédentes les essais tentés furent des tentatives isolées « et incertaines. Et si depuis que la Méthode française de 1874 a été formulée, « il y avait eu en Angleterre, sur ce sujet, un tant soit peu seulement de l'esprit « public qui a été créé en France par la sage et habile politique et l'indomp- « table énergie de l'organisateur français, nos instituteurs et nos Boards of schools « ne seraient pas restés la plupart dans l'indifférence, ni dans l'ignorance même « des recommandations que notre département de l'Éducation a adressées dans « ces dernières années... — Une Caisse d'épargne scolaire n'est pas une banale « collecte de sous; mais elle doit être un exercice d'éducation; elle diffère d'une « Penny-bank ordinaire en trois points distincts : 1° elle forme partie intégrante « des exercices de l'école; 2° elle est dirigée, opérée et commentée par l'institu- « teur, à l'exclusion de tout intrus, de toute personne étrangère à l'école; « 3° les écoliers sont seuls déposants, et ils ne déposent que les menues sommes « de leur propre argent de poche. »

Et l'un des principaux périodiques d'Europe, *The Times* de Londres, en consta-

tant les bons effets de l'institution de nos Caisses d'épargne scolaires, disait :
Indeed, great success of France! (En vérité, c'est un grand succès pour la France.)

Mais, ensuite, on a pu dire aussi : succès pour l'Angleterre.

Sur l'impulsion de la France, en 1875, à Liverpool, dans la grande cité commerciale, M. Banners Newton, l'éminent directeur de la Savings-Bank de Liverpool (la plus grande Caisse d'épargne du Royaume-Uni) organisa des Schools-Savings-Banks dans plusieurs écoles élémentaires de Liverpool ; dès 1878, 35 Schools-Banks comptaient là 3,980 écoliers épargnants ayant un avoir d'épargne de 772 liv. st. en 1885, 74 Schools-Banks comptaient 10,080 écoliers épargnants, ayant un stock de 1,366 liv. st. ; et ces nombres n'ont fait que croître depuis dix ans.

A l'une des assemblées annuelles où les promoteurs de cette institution rendent compte au public des résultats statistiques et moraux, un éloquent commoner, M. Samuel Smith, M. P. pour Liverpool, a dit, dans une de ces assemblées annuelles de Liverpool, ces paroles de profonde vue sociale, humaine : « Ces faits d'épargne « de la part de nos enfants sont des actes de sacrifice ; *et toutes les grandes* « *choses se font par la vertu d'un sacrifice ;* l'exercice habituel et méthodique de « l'épargne, dirigé et éclairé par le maître, dans l'école même, forme ainsi des « énergies morales et bien réglées, qui dans la vie de l'adulte se retrouvent « décuplées... »

Lord Derby, l'évêque d'Exeter, et d'autres moralistes et éducateurs de grande autorité ont consacré par leurs discours à Liverpool des observations analogues. A Birmingham, dans la grande cité industrielle, le Très Honorable Joseph Chamberlain, P. C., aujourd'hui ministre d'État, a donné une forte impulsion aux Schools-Savings-Banks de la ville qu'il représente et qui est aujourd'hui munie de Caisses d'épargne scolaires dans toutes les écoles du Board municipal. Dès 1885 68 écoles avaient 9,660 écoliers épargnants ; le rapporteur de ce Board, M. Davis, constate que ce sont les directeurs des écoles qui ont demandé l'organisation dans leurs établissements de cette nouvelle branche d'éducation ; ils considèrent que « cet exercice scolaire a augmenté l'attrait de l'école pour les enfants et « aussi pour les parents. »

Ce qui s'est vérifié d'ailleurs, plus largement, en 1891, lors de la loi nouvelle dite *Free Education Act*, mise en vigueur le 1er septembre 1891. Cette loi, imitée de notre loi de 1833, a exonéré des frais d'écolage (School-Fees) la catégorie des écoliers la moins aisée. Au moment de la promulgation de cet Act, le Conseil Royal de l'Éducation adressa à tous les directeurs d'écoles une circulaire où il rappelait qu'une bonne école ne se borne pas à préparer des élèves à des examens d'instruction, mais qu'elle s'applique aussi à agir sur le caractère moral des enfants : que déjà le Parlement avait édicté qu'une école ne serait qualifiée d'*excellent*, titre donnant droit à la plus haute gratification parlementaire, que si elle pratiquait l'exercice éducatif de la School-Savings-Bank ; et qu'une occasion se présentait de populariser plus encore cette institution, déjà établie dans plus de 2,500 écoles en Angleterre : les instituteurs, les pasteurs, les juges de paix, les trustees, et autres notables locaux, pourraient engager les familles exonérées des frais d'écolage par la loi nouvelle, à employer cet argent disponible en récompenses données de temps en temps à leurs enfants, suivant leurs bonnes notes de classe et leurs mérites à la maison ; et les enfants mettraient ces pennies à la Caisse d'épargne scolaire.

La recommandation a parfaitement réussi; et dès l'année suivante (en novembre 1892), on constatait qu'un beau quantum des écolages exonérés avait déjà pris refuge dans les School-Savings-Banks : ce qui représentait une bonne somme de 143,000 liv. st. (3,575,000 francs). Et ces bons effets sont signalés dans les campagnes comme dans les villes. A Londres, où en 1887, sur 1,075 directeurs d'écoles, 922 avaient agréé la School-Savings-Bank, les familles des écoliers ont parfaitement répondu en 1891 à l'appel du Conseil d'éducation. Ces progrès avaient été fort bien préparés par les efforts de l'illustre aveugle, Henry Fawcett, professeur d'économie politique de l'Université de Cambridge, ministre d'État (grand maître des postes, postmaster général) de 1880 à 1884.

L'évêque de Liverpool, le T. R. John Ch. Ryle, faisant l'éloge de la France pour les institutions de prévoyance populaire, et surtout d'épargne scolaire, dans ce dernier quart de siècle, rappelait, à l'occasion des Caisses d'épargne scolaires, les trois célèbres maximes du moraliste John Wesley (1739) : « Travailler autant qu'on peut; — épargner autant qu'on peut; — et donner autant qu'on peut. »

Ainsi ont pensé, et dans ce sens ont travaillé pour le sage progrès du peuple, le duc de Rutland, le cardinal Manning (le sage arbitre bien écouté des ouvriers des Docks de Londres), l'amiral Ruxton, lord Playfair, le comte de Derby, lord Northcote d'Iddesleigh, lord Welby, Forster (l'auteur de la loi sur les Boards of Schools), Fawcett, Hugh Childers, William H. Smith, Georges Bartley, Edwin Chadwich, Charles Read, Mundella, Ludlow, Brabrook, Giffen, Neale, I.-G. Fitch, Charles Dibdin, W. Dalrymple, J. Vogel, Meickle, Twining, Compton, Thompson, Lang, Oulton, Crallan, Livingston, Bowden Green, tous éminents à divers titres dans les sciences et les affaires publiques, la plupart illustres comme promoteurs des améliorations populaires.

En Allemagne, le pasteur Senckel, fondateur en 1877 et secrétaire général de la Société allemande pour les Iugendsparscassen, a déterminé l'organisation en Allemagne de 2,599 Caisses d'épargne pour la jeunesse, ayant 243,933 épargnants; et sur ses rapports, M. de Bismarck, étant chancelier de l'empire, recommanda aux éducateurs allemands « cette nouvelle branche d'éducation, la schulspar-
« casse, l'apprentissage de la vie économique et morale du peuple travailleur, le
« séminaire de toutes les autres institutions populaires, comme une des forces
« du relèvement moral de la France, qui forme dès l'âge malléable les généra-
« tions nouvelles à la vie sobre et réglée, à la domination de soi, à ces vertus
« domestiques et sociales qui constituent chez les adultes les caractères forts,
« virils ».

Et parmi les principaux promoteurs ou mainteneurs de cette institution, nous devons ici rappeler Schulze-Delitzsch, Schenck, Crüger, Böhmert, Studnitz, Ludwig Elster, Julius Post, W. Roscher, Blenck, Fischer, Holzendorff, Hübner, Chr. Hansen, Heyden, Claussen, Engel-Dollfus, Zuber, Conrad, Ehrardt, Micolci, Höhncke.

En Autriche Hongrie, aux hommes d'État, de science ou de bien, que nous avons déjà mentionnés : Franz Déak, Franz Weisz, Andrassy, Stremayer, Rausher, Pretis-Cagnado, il convient d'ajouter Otto Haussner, Bondini, Harkanyi, Keleti,

Hassinger, Wacek-Ortic, Ehrenberger, Moriz Ertl, Franz Flatz, Heller, Emm. Blau, Karolyi, Scherzer, Carina Schrätter, Julius Rachel, Mor-Déchy.

En Italie, l'économiste Quintino Sella, ancien Ministre des finances, avait présenté le 18 décembre 1874 un projet de loi sur les Caisses d'épargne, basé, comme le dit expressément l'exposé des motifs, sur les principales mesures recommandées par M. de Malarce dans ses rapports de mission; cette loi italienne a amené la première importation, d'Angleterre, sur le continent d'Europe, de la Post-Office-Savings-Bank anglaise (Caisse d'épargne postale). Pendant que ce projet était à l'examen du Parlement italien, le succès des Caisses d'épargne scolaires en France détermina la commission de la Chambre des députés d'Italie à ajouter trois articles (13, 14 et 15) en faveur des Caisses d'épargne scolaires et des Bureaux d'épargne des manufactures; d'après ces articles, l'État donne gratuitement aux directeurs des écoles les imprimés nécessaires, et des récompenses peuvent être décernées aux directeurs des écoles en considération du bon effet éducatif obtenu (del buono effetto educativo). La loi italienne fut promulguée le 27 mai 1875.

Avec Sella, qui avait fondé en outre, dans sa province, en Piémont, la Lega del Risparmio (la Ligue de l'épargne), les plus dévoués promoteurs des Caisses d'épargne scolaires en Italie furent Luzzatti, Ellena, Alfieri, Fano, Bodio, Scotti, Correnti, Minghetti, Visconti-Venosta, Greppi, Morpurgo, Lebrecht, Rabbeno, Arnaudon, Ravà, Saporiti, Bordoni, Cassella, Vigano, Paolini, Zucchini. Sous ces influences les Caisses d'épargne scolaires se sont multipliées dans toutes les provinces de l'Italie par la belle progression suivante :

	Caisses d'épargne scolaires	Écoliers épargnants	Stock d'épargne en dépôt
En 1876............	522	11,935	32,042 lires
1886............	4,353	74,645	423,375
1894............	7,493	106,158	344,769

En Espagne, les Caisses d'épargne scolaires, introduites par contagion de la France, dans les provinces de Catalogne, de Valence et de Castille, ont eu un effet assez particulier : un bon nombre d'instituteurs et de pères de famille appréciant l'action éducative de cette branche nouvelle d'enseignement, demandèrent qu'on établit, à portée des écoles, des Caisses d'épargne, afin que les instituteurs puissent faire leurs versements mensuels des petites épargnes de leurs élèves : et, par suite de ces vœux, le nombre des Caisses d'épargne, qui n'était que de 12, s'est quintuplé dans ces dernières années. Les principaux chefs de ce « fomento » sont Ramirès, Mariño, L. de Garcia-Alcantara, Bastinos, Cossio, Olerdola, Pascuet.

En Portugal, Barros-Gomez (président du Conseil des ministres, Ministre des finances, l'auteur de la dernière loi sur les Caisses d'épargne), Cypriano da Costa Goodolphim (membre de l'Académie de Portugal), R. de Freytas (membre des Cortès), J.-S. Ribeiro, (directeur du Monte-Pio Official), J.-J. Rodrigues, (professeur à l'École polytechnique), ont bien mérité de l'institution des Caisses d'épargne scolaires, surtout depuis 1883. Par les soins de C. da Costa Goodolphim, secondé par un comité de professeurs et instituteurs d'élite (D. Portocarrero, Anna Nunes, Teophilo Ferreira, Castro Rodrigues, Barroso, Terenas, P. Bastos) une active propagande par brochures et discours a été organisée, et des tableaux ont été apposés dans les écoles offrant constamment aux yeux et à l'esprit des élèves, des maîtres et des parents, ces maximes (en portugais) :

Il n'y a pas de meilleur instrument pour ouvrir au peuple la vraie voie de la civilisation que la Caisse d'épargne scolaire.

Franz Déak.

La Caisse d'épargne scolaire enseigne la sage économie comme on enseigne une vertu, en la faisant pratiquer. — La Caisse d'épargne scolaire est et doit être éducatrice.

Malarce.

La Caisse d'épargne scolaire est la base des institutions de prévoyance.

Luzzatti.

L'éducation est et doit être l'initiation pour la vie complète.

Spencer.

En Russie, le conseiller d'État Pierre de Messoyédoff et autres membres principaux de la *Société russe du travail national en mémoire du Tsar Libérateur*, le général Kokowsky, président du musée pédagogique de Saint-Pétersbourg, le conseiller d'État Anton de Nagorny, le professeur Dr Kachénosky, de l'Université de Karkow, le Dr Andreef, le Dr J. de Banzemer, le hofrad Dittmar, président de la Caisse d'épargne de Finlande, concourent à doter le vaste empire, de cette institution d'éducation populaire, si précieuse pour apprendre aux fils des serfs affranchis le bon usage de la liberté. Le 11 mars 1883, le Tsar Alexandre III envoyait à M. de Malarce un brevet de commandeur avec une lettre exposant les motifs de cet acte : témoignage de gratitude pour le concours donné à l'organisation et au développement des institutions populaires de Russie, et notamment à la *Société Russe du travail national*, élaborée par le conseiller d'État Pierre de Messoyédoff (secrétaire du conseil de l'Empire), sous l'inspiration du Tsar libérateur Alexandre II.

En Grèce, l'institution doit beaucoup à Constantin Bambas, J. Durutti, Aristidés Oikonomikos, et autres membres du syllogue du Parnasse ;

En Suisse, au Dr Guillaume, à Franck Lombard et Édouard Fatio et autres présidents ou membres de la Société d'utilité publique, à Henri Morel, ancien président du Conseil national suisse, à J.-L. Spiry, aux présidents Schenk et Hammet, à Kinkelin, à Milliet ;

En Belgique, à François Laurent, professeur de droit à Gand, au ministre d'État Frère-Orban, à Léon Cans, directeur général de la Caisse d'épargne nationale ;

Aux Pays-Bas, à Bruynkops, à G.-A. Fokker, à Everwyn Lange, au directeur général des postes Hofstede, à Armand Sassen, directeur général de la Caisse d'épargne postale ; au statisticien Dʳ Werwey, à Van Andel, à Borgesius, à Gleichman, à Hamel, à Kruyff, à Boetzman, à Wertheim, à Martha, directeur de la Caisse d'épargne du grand-duché de Luxembourg, à Bruïnwold-Riedel, secrétaire général de la Tot nut vant Allgemeen Mʸ, à N. Pierson, à N. de Hoop-Scheffer à Lamping ;

En Suède et Norwège, au comte de Sparre, au ministre d'État Themptander (premier ministre), au Dʳ Iohan Anders Leffer, au Dʳ Broch, au conseiller K. d'Olivecrona, au gouverneur O. de Printzskold ;

Aux États-Unis d'Amérique : Dès 1875, l'Honorable John Pomeroy Townsend (alors premier vice-président, aujourd'hui président, de la Bowery Savings-Bank de New-York, la plus importante Caisse d'épargne de toute l'Amérique, docteur en droit *ad honores*, et l'un des trustees de l'Université de Rochester, ancien président de plusieurs compagnies financières et commerciales), appelait l'attention de ses compatriotes sur l'institution des Caisses d'épargne scolaires, qui venait d'être organisée avec plein succès en France; en 1877, il présentait un mémoire sur cette question à l'American Association of Social science; en 1878, il siégeait, à Paris, comme principal représentant des États-Unis, avec le titre de l'un des trente présidents-fondateurs de l'Association permanente du Congrès scientifique universel des institutions de prévoyance et il traitait, avec sa grande autorité d'administrateur et d'économiste, les questions relatives aux Caisses d'épargne, et, entre autres, aux Caisses d'épargne scolaires, comme d'ailleurs dans les réunions suivantes auxquelles il assistait, à Paris. Pendant ce temps, en Amérique, l'éveil donné par M. Townsend provoquait d'intéressantes publications dans la presse : ainsi, en 1877, par l'honorable Serene Taylor Merrill, (ancien membre de la législature de l'État de Wisconsin, président honoraire des Collège et Faculté de Beloit), qui précisa le but et la méthode de l'institution éducative.

Ce fut en 1885 que ces premiers efforts se traduisirent en organisation définitive par l'action d'un membre de la commission des écoles de Long-Island City (près New-York), I. H. Thiry, qui se dévoua tout entier à cette œuvre, publia le Manuel, et forma une société spéciale pour la propagande. Bientôt l'institution se répandit dans l'État de New York, et puis, dans six autres États de l'Est, secondée par diverses sociétés d'éducation, notamment l'Association chrétienne des jeunes gens, les Clubs pour jeunes garçons de la cité de New York, et l'Association chrétienne de jeunes femmes; et par plusieurs citoyens de grande influence, les généraux Eaton et Franklin, Dawson, Harris, le Rᵈ Graham Brooks, Buzelle, Hewitt, Higginson, W. Jones, Philbrik, Sanborn, John White, Carrol Wright, Andrew White, Edmund James. La presse de tout ordre a parfaitement favorisé ce mouvement, qui semble destiné à s'étendre, avec la puissance pratique de ce vigoureux peuple américain, dans les écoles secondaires aussi bien que dans les écoles primaires, et pour l'éducation des jeunes filles aussi bien et mieux encore peut-être que pour l'éducation des garçons. Une dame de haute culture intellectuelle, Mme Sara-Louisa Oberholtzer, publiciste très versée dans les questions d'éducation aux États-Unis, s'est appliquée à la propagande des Schools-Savings-Banks, pour l'éducation économique et morale des femmes.

A une époque et dans un pays où l'on tend à augmenter les droits légaux de la femme, il convient de fortifier par l'éducation les habitudes et les énergies de la femme, pour élever ses devoirs et ses facultés au niveau de ses droits.

En octobre 1883, un compatriote de Franklin, M. le Rev. Dr Tyng, célèbre prédicateur des États-Unis, après avoir séjourné deux ans en Europe, résumait dans un discours, à New York, ses impressions de ce long voyage, et disait en parlant de la France :

« ... Ce pays est réellement fort par son système d'épargne, dont l'organisation
« s'est beaucoup développée dans ces derniers temps... A un étage élevé dans
« la rue de Babylone, à Paris, bien loin des boulevards, vit un savant français,
« M. de Malarce, entouré et comme submergé de documents qui lui arrivent de
« tous pays. Je l'ai souvent visité là, dans sa demeure solitaire, où viennent
« s'entretenir bien des étrangers éminents; et j'ai vu comment il avait formé et
« répandu par toute la France, et plus loin encore, l'institution des Caisses
« d'épargne scolaires, l'éducation économique pratique dans l'école, et ensuite
« propagé sur le continent d'Europe la caisse postale anglaise, et donné plus
« d'extension et de perfectionnement à toutes les autres institutions de prévoyance.
« Ainsi — ce qui paraîtra à quelques-uns nouveau en France — voilà un homme
« guidant la pensée de la nation, dans la solitude de sa retraite, et contribuant
« par là à la force morale et à la richesse du peuple...

« Les étrangers qui passent à Paris ne voient guère souvent que la partie de
« la population étincelante, bruyante, dont s'animent les échos de la chronique,
« et l'on est tenté de confondre avec ce monde du plaisir la population pari-
« sienne. Mais, à examiner de plus près, on reconnaît qu'il n'est peut-être pas de
« ville où la population soit plus laborieuse, dans les travaux de la pensée
« comme de la main : ne confondons pas le régiment avec la musique du
« régiment. »

L'Hon. M. Pomeroy Townsend écrivait à M. de Malarce, en l'invitant, au nom de ses amis, à visiter l'Amérique :

« Vous pouvez être félicité de ce que partout sont recherchés et mis à profit
« vos services, si précieux aux peuples de France et d'Europe, et aussi au peuple
« d'Amérique, qui vous doit également une dette de gratitude. L'effet de vos tra-
« vaux pour le bien de ces peuples continuera longtemps après que vous ne serez
« plus. Votre nom et vos œuvres sont estimés ici autant que dans votre bien-aimée
« France. Nous saluons en vous le compagnon de travail de nos organisations
« sociales. Puissiez-vous vivre bien des années encore pour prolonger votre
« action utile, et jouir des bénédictions de vos collaborateurs et de tant de tra-
« vailleurs dont vous aidez la fortune et le progrès moral! On entend si souvent
« parler d'erreurs et d'insuccès dans l'économie politique, que c'est fortifiant de
« rencontrer des œuvres bonnes et des voies sûres, ainsi éclairées par la science
« et sous l'inspiration du dévouement public... »

Au Brésil, Mello-Guimarâes, encouragé et secondé par le premier ministre Rio-Branco, par O. de Cerqueira, C. Quintella, A. d'Ourém, et quelques autres éminents Brésiliens, est parvenu dans ces dernières années à faire inscrire l'institution nouvelle dans le Code de l'éducation; par là, les enfants nés libres d'esclaves ou fils d'esclaves affranchis, apprennent à faire bon usage de la liberté, en s'exerçant et s'habituant à la vie sobre, prévoyante, sagement réglée.

En dernier mot, rappelons ce sage conseil : Plus les lois font libres les citoyens, plus les institutions et les mœurs doivent leur apprendre à bien user de la liberté, à être forts contre le mal et pour le bien.

En vertu d'une résolution du Congrès (Parlement) des États-Unis d'Amérique (janvier 1895), un Comité a été chargé de conférer un diplôme d'honneur à un certain nombre de personnes (Américains et étrangers) qui ont le plus contribué à améliorer les lois et institutions d'utilité populaire aux États-Unis. Ce diplôme a été conféré à l'organisateur des institutions populaires, à l'économiste français Augustin Chaurand de Malarce, « en reconnaissance des grands services rendus « à la cause des progrès populaires en Amérique ».

Ce n'est pas la première fois que M. de Malarce a reçu du Nouveau Monde de tels témoignages : ainsi, en 1875, des États-Unis, au sujet de la nouvelle loi organique de 1875 pour laquelle le concours de ses conseils avait été demandé et qui a eu pour but et pour effet de renforcer les Savings Banks et les Friendly Societies (Caisses d'épargne et Sociétés de Secours Mutuels) après la crise de 1873; et, en 1880, au Brésil pour l'organisation législative et administrative, réussie, des Caixas Economicas Escolares (Caisses d'épargne scolaires) du Brésil.

Ainsi se vérifie la prévision de l'illustre homme d'État et de science, Hippolite Passy, quand il nous disait, en 1878, à la première session du Congrès scientifique universel des institutions de Prévoyance : « Ne vous inquiétez pas des difficultés. Marchez toujours! Courage! Vous avez su rallier déjà bien des coopérateurs, des amis; poursuivez votre œuvre; et à mesure que vous avancerez dans le succès, ce ne sera plus une légion, ce sera une armée. » De cette armée universelle, nous avons pris à cœur de dénombrer ici les principaux chefs, qui préparent et guident, dans des voies sûres, les honnêtes ouvriers à la conquête du mieux être toujours, parfois à la fortune; et cela, par les fiers efforts mêmes de ces braves, par le travail et l'ordre, par les énergies réglées, par ce qu'on nommait jadis : la Sagesse.

Coulommiers. — Imp. PAUL BRODARD. — 881-96.

www.ingramcontent.com/pod-product-compliance
Lightning Source LLC
LaVergne TN
LVHW010327030726
842520LV00004B/1322